汉语国际教育与中华文化推广系列丛书

走进成都

ZOUJIN CHENGDU

主　编　侯宏虹　刘　荣

副主编　胡　晓

编　写　程　文　何　婉　杨　恬

魏海平　王笑菁

四川大学出版社

责任编辑:吴近宇
责任校对:许　奕
封面设计:墨创文化
责任印制:王　炜

图书在版编目(CIP)数据

走进成都 / 侯宏虹，刘荣主编. —成都：四川大学出版社，2018.8
ISBN 978-7-5690-2293-3

Ⅰ.①走…　Ⅱ.①侯…　②刘…　Ⅲ.①汉语-对外汉语教学-语言读物　Ⅳ.①H195.5

中国版本图书馆 CIP 数据核字（2018）第 196195 号

书名　**走进成都**

主　　编　侯宏虹　刘　荣
出　　版　四川大学出版社
地　　址　成都市一环路南一段 24 号 (610065)
发　　行　四川大学出版社
书　　号　ISBN 978-7-5690-2293-3
印　　刷　四川盛图彩色印刷有限公司
成品尺寸　146 mm×210 mm
印　　张　7.5
字　　数　221 千字
版　　次　2018 年 8 月第 1 版
印　　次　2020 年 7 月第 2 次印刷
定　　价　33.00 元

◆读者邮购本书,请与本社发行科联系。电话:(028)85408408/(028)85401670/(028)85408023　邮政编码:610065
◆本社图书如有印装质量问题,请寄回出版社调换。
◆网址:http://press.scu.edu.cn

目录

CONTENTS

走进成都

ZOUJIN CHENGDU

第一单元

第一单元

走遍成都 · 成都的区县

成都，简称“蓉”，四川省省会，位于四川盆地西部。成都平原，地势平坦、河网纵横、物产丰富、农业发达，自古就有“天府之国”的美誉。

成都既古老又年轻，既安宁又繁荣，既有很深的文化积淀，又有很强的现代意识。随着中国的改革发展，成都也发生了很多很大的变化。现在的成都是中国西部地区重要的经济中心、科技中心、文创中心、对外交流中心和综合交通枢纽，是中西部地区“世界500强”企业数量最多，设立外国领事馆数量最多，开通国际航线数量最多的城市。

据2017年卷的《成都年鉴》，成都全市辖11个区、5个县级市、4个县，以及天府新区直管区、高新技术产业开发区和成都经济技术开发区。全市常住人口1600万人，面积14312平方公里。下面主要介绍几个区。

锦江区

锦江区地处成都市中心，它的名字来源于成都的母亲河——锦江，是传统的商贸中心区；又因融入乡村元素，城乡结合，有了新的发展空间。现在的锦江区是一个热闹繁华的地方，如果你喜欢逛街，喜欢时尚的东西，一定不要错过区内著名的春熙路步行街和盐市口商圈。那里汇聚了成都国际金融中心（IFS）、伊势丹（ISETAN）、伊藤洋华堂（ITOYO KATO）、王府井、仁和春天等国内外知名购物中心，人们不但可以在此买到各种品牌的物品，还可以吃到世界各地的美食，是人们购物、休闲、娱乐的首选之处。更多关于这方面的介绍请看第四单元第三节。

成都是一座历史悠久的城市，有许多名胜古迹值得一览。位于锦江区内的大慈寺从隋唐时期开始修建，在唐代就已经是中、韩、日三国佛教学术交流的中心，大家熟知的《西游记》里的唐僧，也就是玄奘大师，曾在这里学习和讲经。

大慈寺

离大慈寺不远有“中国白酒第一坊”水井坊遗址，它见证了中国白酒文化的历史，被誉为中国酒文化的一部“无字史书”。水井坊博物馆保留了有600年历史的水井街酒坊遗址，在那里可以看到白酒的传统酿造技艺和生产过程。

水井坊博物馆

紧邻水井坊的是成都有名的酒吧一条街——兰桂坊，它是模仿香港兰桂坊（Lan Kwai Fong）打造的，其中有不同档次、风格的酒吧、餐厅、咖啡馆等，是成都时尚人士聚集的地方。

在大慈寺和水井坊之间有一条东西走向的大街叫东大街，是成都有名的“金融街”。随着地铁2号线的建成，据不完全统计，东大街已聚集了包括汇丰银行（HSBC）、渣打银行（Standard Chartered）、中德安联人寿保险有限公司（Allianz Group）在内的上百家金融机构，是中国西部城区金融机构种类最多的地方。

锦江区不但聚集了世界知名的商务机构，也是休闲旅游的好地方。比如成都市政府重点打造的生态旅游产业“成都三圣五朵金花”。关于这部分的介绍，请看第四单元的“成都欢迎你·成都的特色旅游”一节。

小提示

➢ **大慈寺**

地址：成都市锦江区大慈寺路 23 号。

开放时间：08:00—17:30。

门票：免费。

交通：1. 公交：可乘坐 4 路、98 路等至大慈寺站。

2. 地铁：可乘坐地铁 2 号线、3 号线到春熙路站。

➢ **水井坊博物馆**

地址：成都市锦江区水井街 19 号。

开放时间：09:00—17:00。

门票：50 元 / 人。

交通：1. 公交：乘坐 10 路、18 路、43 路、47 路、104 路、152 路、335 路可至芷泉街站。

2. 地铁：乘坐地铁 1 号线在天府广场站换乘 2 号线往成都行政学院方向，至东门大桥站下。

网址：http://www.sjfmuseum.com/

➢ 锦江区一日游行程建议

1. 上午去大慈寺听经寻佛，有时间再去水井坊博物馆一探源远流长的酒文化。

2. 下午去三圣花乡，找一家农家乐喝茶、打麻将，感受地道成都人的悠闲生活。

3. 晚上到春熙路逛街吃饭。

4. 深夜，兰桂坊的夜生活才刚刚开始，跟朋友酒吧小聚，好好享受成都的夜晚。

➢ 实践任务

除了文中提到的景点，请实地走访锦江区，看一看你还对哪些地方感兴趣？拍下照片并写下你喜欢此处的原因，向同学们介绍。

青羊区

青羊区位于成都市区的中部和西部，因为区内著名的青羊宫而得名。

在很长时期内青羊区是成都的政治中心，现在区内仍有很多政府机构。同时，该区也一直是成都的文化中心，文化资源丰富，可参观的文化景点特别多。本书第二单元介绍的四川省博物院、杜甫草堂、青羊宫、文殊院等著名文化景点都在青羊区内。另外，如果想仔细观察成都市民的休闲生活，逛公园是一个很好的选择。青羊区的公园很多，浣花溪公园、人民公园、百花潭公园、文化公园等都是深受市民喜爱的公共休闲场所。每个公园都有自己的特色。

2003 年建成的浣花溪公园是成都市内面积最大的城市森林公园，被称为成都市区的“绿肺”。浣花溪公园紧挨着杜甫草堂，实际上，唐代大诗人杜甫正是在浣花溪旁写出了很多流传千古的诗句。它分为万树园、梅园和白鹭园三大主题园区，是一座充满诗意的公园。从公园的南大门进入后，人们可以看到一条长长的“诗歌大道”，地面上刻着很多有名的古代诗句，道路两边还有十多位中国古代著名诗人的雕像。诗歌大道附近，另有一条“新诗小径”，展示了中国现当代诗人的作品。

浣花溪诗歌大道

位于市中心的人民公园始建于1911年，是四川省第一座公园。公园内历史建筑众多，特别是“辛亥秋保路死事纪念碑”，是重要的历史文物。公园内有历史悠久的“鹤鸣茶社”，那里总是坐着很多喝茶聊天的成都人。每到秋季，参观人民公园的菊展，是老成都人的一件乐事。

百花潭公园和文化公园都在青羊宫附近。百花潭公园内有一些小巧的园林，很是精美。文化公园里常常有各种文化活动，如灯会、花会以及书画展览等。

位于本区的西南财经大学是一所以经济学、管理学、金融学为重点学科的知名大学。石室中学也位于本区，历史悠久，培养出了众多人才。青羊区内著名的文化设施还有四川科技馆、四川美术馆、成都市体育中心和成都市文化宫等，都很受市民的欢迎。

小提示

➢ **浣花溪公园**

地址：成都市青羊区青华路 9 号。

开放时间：06:00—22:00。

门票：免费。

交通：可乘坐 19 路、47 路、58 路、82 路等公交车至送仙桥站。

➢ **人民公园**

地址：成都市青羊区少城路 12 号。

开放时间：冬季 6:30—22:00，夏季 6:00—22:30。

门票：免费。

交通：1. 公交：可乘坐 5 路、13 路、53 路、62 路等公交车至人民公园站。

2. 地铁：可乘坐地铁 2 号线到人民公园站下。

网址：http://www.cdpeoplespark.com

➢ 青羊区一日游建议

1. 上午去杜甫草堂或青羊宫游览古迹。

2. 中午在浣花溪公园对面的“陈麻婆豆腐店”或附近的“龙抄手”小吃店品尝成都美食。

3. 下午逛浣花溪公园和附近的送仙桥古玩市场。

➢ 实践任务

1. 去浣花溪公园诗歌大道参观，记录下自己喜欢的诗句，并与同学交流诗句的出处及含义。

2. 寻找下图中的塑像，简单介绍这三位诗人的生平及其最有名的诗。

金牛区

金牛区位于成都市中心城区的北部和西部，是成都的“北大门”，它的名称来源于古老的“金牛道”传说。金牛区是成都主城区中人口最多的区。区内的成都火车北站（正式名称是“成都站”）是中国西南地区重要的交通中心，每天有很多旅客和货物在这里进进出出。

由于交通便利，金牛区的商业活动，特别是针对大批货物的批发业特别繁荣，区内有很多大型的批发市场。随着城市发展，成都市内的大型批发市场都已经逐步搬到中心城区以外。

金牛区的餐饮业也很发达，“一品天下大街”就是一条有名的美食大街，有很多大大小小的餐馆。这条大街的标志是一个巨大的雕塑——一只手握着一双筷子，一看就明白这是一个品尝美食的好地方。

一品天下大街

金牛区有很多历史古迹，著名的永陵就在区内。如果想放松一下，可以去欢乐谷主题公园。欢乐谷是中国自创的参与体验型主题公园，在全国各地共有六家，成都欢乐谷是继深圳欢乐谷、北京欢乐谷之后的第三家。成都欢乐谷有八大主题区域，一百多个景点，以“时尚、动感、欢乐、梦幻”为主题，吸引了很多国内外游客，尤其受到年轻人和孩子的喜爱。另外，成都植物园也在金

牛区内，园内有很多国家一、二、三级保护植物，有木兰、梅花、芙蓉、腊梅等 12 个花卉观赏园区，是传统的园林花木以及四川地区特色植物的集中展示地。

位于本区的西南交通大学是一所历史悠久的著名大学，在轨道交通领域实力很强，为中国轨道交通的发展做出了重大贡献。本区的成都中医药大学则以研究中医闻名，那里有不少学习传统中医学的国际人士。

小提示

➢ **欢乐谷主题公园**

地址：成都市金牛区西华大道 16 号。

开放时间：淡季 9:00—21:00，旺季 9:00—22:00。

门票：230 元（18:00 以后夜场门票 100 元）。

交通：乘坐 36 路、88 路、119 路等公交车到华侨城站。

网址：http://cd.happyvalley.cn/

微信公众号：成都欢乐谷

➢ **成都植物园**

地址：成都市金牛区蓉城大道天回路 1116 号。

开放时间：冬季 7:00—19:00，夏季 7:00—20:00。

门票：10 元。

交通：可乘坐地铁 3 号线至熊猫大道站，换乘 254 路公交车至植物园站。

网址：http://www.cdzwy.com

➢ 金牛区一日游建议

上午参观永陵，下午和晚上在欢乐谷感受当代成都的动感。

➢ 实践任务

参观成都植物园。向同学介绍你最喜欢的一种植物及其文化内涵。

成华区

成华区位于成都市的东北部，以前分别属于成都县和华阳县，所以用成都和华阳两个地方的第一个字命名，叫成华区。让我们一起走进成华区，看看那里有哪些好看、好玩的地方。

成华区有两个博物馆我们一定要去看一看：一是建设南路的成都工业文明博物馆，它的建筑面积有8700平方米，是西南地区第一个用旧厂房改造的博物馆，它把工业文明的历史和文化产业结合在一起，用艺术方法展示着历史。走进博物馆，可以看到从古代到近代的成都手工业和工业发展的文明史。二是成都理工大学恐龙博物馆，它于1960年建成，是目前中国西部最大、也是中国高校中最大的地学类自然博物馆，里面有30多具珍贵的恐龙化石骨架标本。

成都工业文明博物馆大门

成华区还有很多我们可以参观的地方，四川广播电视塔是一个不错的选择。塔高339米，是中国西部第一高塔。塔身213米的地方有一个旋转餐厅，可以一边吃饭一边观赏城市风景，俯瞰整个成都市区。如果有时间，去逛逛昭觉寺吧，那是中国佛教活动的重要场所，修建于唐代，是

西南地区最大最漂亮的寺院之一，被人们誉为“川西第一禅林”。昭觉寺旁边是成都动物园，里面有300多种动物，是西南地区最大的动物园之一。

四川广播电视塔

成华区还有建设路商业街，周围建筑物上的彩色玻璃，街道两旁的法国梧桐，让人感受到工业文化和自然风景融合的魅力。玉双路是成都的一条著名美食街，那里有很多酒楼、火锅店和酒吧。尤其是那些名字并不响亮的中小型饭店，菜的味道不错，很有特色。每天下午5点半以后，很多餐馆门前已经有人开始排队等候了。

坐落在成华区中的成都大熊猫繁育研究基地，是一个很值得参观的地方。第三单元“蜀地蜀景·成都的风光”一节中有详细的介绍。还有“东郊记忆”，在第四单元“时代脚步·成都的新兴产业”一节中也会详细介绍。

小提示

➤ **四川广播电视塔（锦绣天府塔）**

地址：成都市成华区猛追湾街 168 号。

开放时间：夏季 9:00—22:00，冬季 10:00—22:00。

门票：50 元（高速电梯），70 元（观光电梯）。

交通：可乘坐 8 路、20 路、106 路、237 路到猛追湾街公交站。

官方微博：天府熊猫塔

微信公众号：天府熊猫塔

➤ **成都动物园**

地址：成都市成华区昭觉寺南路 234 号。

开放时间：8:00—18:00。

门票：20 元。

交通：1. 公交：可乘坐 9 路、18 路、32 路等公共汽车在动物园公交站。

2. 地铁：可乘坐地铁 3 号线到动物园站。

网址：www.cdzoo.com.cn

微信公众号：成都动物园

➢ 成华区一日游建议

1. 上午去昭觉寺感受佛教文化，再去参观旁边的动物园。

2. 下午去建设路参观成都工业文明博物馆，感受成都昔日的工业气息。

3. 晚上去电视塔逛逛，乘坐观光电梯，一边享受旋转餐厅的美味佳肴，一边观赏成都的夜景，在这座美丽悠闲的城市中慢慢地品味。

➢ 实践任务

请参观成华区，用相机记录你认为的三个最——最好吃、最好玩、最好看，并在照片下面做简要地说明，在课堂上与同学分享。

武侯区

武侯区得名于区内闻名中外的武侯祠（关于武侯祠，详见第二单元相关介绍）。武侯区是成都重要的教育、科技、文化中心。

武侯区拥有众多高等院校和科学研究机构，有包括四川大学、西南民族大学、四川音乐学院在内的 12 所大学，有中国科学院成都分院等 50 余个中央、省、市级科研单位，同时还有名列中国著名中学前十位的成都七中。

四川大学

四川大学是中国历史最悠久的大学之一，已有 120 多年的历史，是中国西部非常重要的高水平研究型综合大学。校园环境幽雅、花木繁茂、碧草如茵、景色宜人，非常适合学生学习和做研究。

四川大学坚持开放合作，已经与 34 个国家和地区的 268 所大学和研究机构建立了交流合作关系，与美国、加拿大、澳大利亚等 33 个国家加上港澳台地区的共 214 所国际知名大学构建了全方位、多层次、多形式的学生联合培养体系，与韩国、美国、比利时的 5 所大学合作共建了 5 所孔子学院，学校的国际影响力和竞争力得到不断提升。

西南民族大学是一所综合性民族高校，学校拥有极富特色的民族博物馆和世界上规模最大的藏学文献馆、彝学文献馆。四川音乐学院作为中国九所独立

设置的专业高等音乐学院之一，培养了一大批优秀的音乐人才，为四川的音乐行业发展做出了重要的贡献。

除继续发挥文化底蕴优势、推进文创项目以外，发展高科技文化也是武侯区的重要发展目标之一。以磨子桥为中心的区域汇集了3000多家开发、经营电脑及相关产品的企业，是与北京中关村同样出名的电脑市场。在这里，你可以看到多家全球知名企业的区域总部；此外，区内还有很多高端商务楼，如来福士广场、力宝大厦等，多家世界500强企业在武侯区设有办事机构。武侯区重要的地理位置，加上科技与人才资源的优势，形成了经济和社会发展的良好环境。

在旅游方面，武侯区有武侯祠、望江楼、薛涛井等闻名中外的景点。武侯区在生活环境上具有典型的“成都风范”，无论是“硬件”还是“软件”，都堪称一流。与武侯祠只有一墙之隔的锦里非常值得一去。在那里，可以吃到各种有名的成都小吃，也可以去锦里的茶园坐坐——喝喝茶，看看川剧，体验一下地道的老成都生活方式。离锦里不到两公里的地方，便是“耍都”——一个极具当代成都“慢生活”文化特色的好地方。“耍都”位于武侯祠大街19号，在这块由浆洗街和武侯祠大街围成的三角地带里，聚集了不少风格各异的成都美食和休闲娱乐场所，是成都生活方式的一个缩影。

锦里

横跨锦江的安顺廊桥可以让人有不一般的体验。廊桥最早建于元代，意大利旅行家马可·波罗在游记中，就提到让他印象深刻的安顺廊桥。“廊桥夜景”是不可错过的成都一景，人们沿锦江散步，可望见这夜色中柔和灯光照耀的百年名桥。此时，夜空中要是再挂上一轮圆月，那么此情此景说不定会让人吟咏出一首好诗呢。

高新区

武侯区以历史与文化闻名，而要了解当代成都快速发展的最新趋势，就要去高新区看一看。高新区不是行政区，但大家习惯上把它看作一个行政区，它由南区、西区、东区组成，高新南区与西区属于成都市中心城区。

高新区是国家级高新技术产业开发区、国家自主创新示范区、全国科技与金融结合试点地区，也是四川天府新区重点区域。高新区主要发展新兴高科技产业。南区、西区都有国家级的出口加工区。南部园区重点发展金融、商务、会展、软件等服务业。园区内有中国西南地区最大的国际会展中心，知名度很高的成都当代美术馆，中国最大的专业软件园之一天府软件园。目前，它已经吸引了众多国内外知名企业，如 IBM、西门子、阿里巴巴、华为等。与南区相比，西部园区的发展更加专业化，集成电路、通信、生物医药等高技术制造业都是重点发展的领域。关于天府软件园，在第四单元“时代脚步·成都的新兴产业”中有具体介绍。值得成都人民骄傲的是，权威数据显示，2016 年，高新区在科技部火炬中心国家高新区的综合排名升至全国第 3 位，仅次于北京中关村和上海张江。

现在，高新区的天府新城逐渐成为一张“金字招牌”。天府新城位于高新区天府大道的两边，总用地面积 37 平方公里。这片土地不仅拥有各种高新技术产业，更融合了商务、时尚、宜居等元素。于 2013 年底正式开张的新世纪环球中心就是一个典型代表——人们在这里既可以参加丰富的娱乐活动，也能

够进行商务谈判。关于环球中心，在第四单元“时尚之都·成都的商业中心”一节里有具体介绍。

环球中心

小提示

➢ 武侯区－高新区一日游行程建议

1. 上午去武侯祠游览，感受三国历史文化，中午逛锦里、吃小吃。

2. 下午游览望江公园，参观四川大学博物馆，在四川大学西门外找一家川菜馆吃饭。

3. 晚上到环球中心逛一逛，坐坐咖啡馆，享受一下“慢生活”。

➢ 实践任务

参观环球中心，拍照并记录你觉得环球中心最吸引你的地方，向全班做汇报。

走街串巷·成都的街道

道路是一座城市的“生命线”。在每一条路上，都会留下不同时代、不同身份的人们的足迹，它们是城市发展最好的见证者。

有着千年历史的成都，那里的道路、那些大街小巷，留下了数不清的精彩故事。那么，了解成都最好的方法是什么？我们会告诉你：带上好奇心，迈开双腿，在成都的大街小巷里走一走。在行走中，你一定能感受到成都街道的风情——历史的厚重、民俗的风趣、大都市的时尚。更有意思的是，有的时候，当你刚走出一条古香古色的街道，面前便出现一条充满现代气息的大道。下面我们选择了一些具有代表性的街道，希望你读了以后，就想马上去走一走。

从君平街到琴台路

成都有两条君平街，一旧一新。这两条街都与西汉学者严君平（前86-10）有关。因此，在讲“街”之前，先说说“人”。

严君平是西汉时期著名学者，精通《老子》《易经》。据说，严君平能够准确地预言人的命运。但与其他算命先生不同，他在算命的同时，更愿意向老

严君平像

百姓讲为人处事的道理。比如年轻人来算命，他告诉年轻人要孝敬父母；懒惰的人来算命，他会耐心地为客人分析偷懒的后果。

算命这一神奇的本领让严君平受到老百姓的喜爱。不过，更为人们敬重的是严君平对民间教育做出的贡献。他在四川各地创立了不少民间学校，是一位真正的民间教育推动者。

因为学问高、品德好，严君平很受老百姓尊敬。为了纪念他，后人便把他当年算命的地方叫作“君平街”，后来又改为“君平胡同”，也就是现在的支矶石街一带。街上的“老成都”们，口耳相传严君平的各种故事。近几年，经过改造后，这条500米的古老街道显现出浓厚的休闲气质。在街上慢慢地走着，你会经过两三家紧闭大门的小四合院、几家茶馆，里边常常传来阵阵麻将声。夏天你走在街道上，不用担心太阳晒，因为几十棵大树的树荫早已遮住了强烈的阳光；树下常常摆着几把椅子，椅上坐着喝茶的人。

支矶石街

成都还有一条建于清代的新君平街。清朝初年，老君平街被划入满城，汉族老百姓不能在此祭拜严君平，于是人们便把君平街“移”到了一公里外的满城南墙边上，也就是如今的君平街。走到街口，你会看见一个石碑，介绍街名的由来。2006年，政府在街上建了君平园，纪念严君平。

和西汉名人有关的街道，除了君平街以外，还有琴台路。因为西汉大文学家司马相如（前 179—前 118）的故宅就在这条路的附近，司马相如又十分喜爱弹琴，所以这条路就被后人命名为“琴台路”。

琴台路

在成都，司马相如与卓文君（前 175—前 121）的爱情故事可以说是家喻户晓。西汉才女卓文君出身名门，追求她的人很多，但是她却偏偏爱上了穷书生司马相如，因为司马相如的文学才华深深地吸引了她。两人“门不当户不对”的爱情自然引起了女方家人的反对，于是卓文君选择了与爱人私奔。离开了富裕的家庭后，他们的生活越来越穷困。两人便开起了酒铺，煮酒、卖酒。“文君酒”也因此得名。

琴台路的起止点分别有司马相如驾车奔驰与司马相如和卓文君共舞两座雕塑。生动的雕像告诉人们，“琴台路”为爱而生。这条街充满魅力，走在琴台路上，你会看到两旁一栋栋具有“汉唐风”的古典建筑，这些楼大多为高档的珠宝店，如“天和银楼”“珍宝阁”等，或者是著名的酒楼，如“狮子楼”“皇城老妈”等。路上还有一家叫作“梨园”的老剧院，保留了老成都人看戏的传统风俗。在路的尽头是百花潭公园，也是喝茶吃饭的好去处。

在这里散步，一定要留意脚下的地砖。琴台路的一大特色，就是环绕全路的汉画像砖带。砖带全长 920 米，包含了中国已有汉画像砖的主要内容，如酒席、

歌舞、巡逻、车马等，再现了2000多年前汉代的社会生活景象。人在路上走，好像在画中游。

从君平街走到琴台路，你看到的不仅仅是古典与现代的和谐相处，更能感受到成都文化的包容。走累了，就找一家路边的馆子，例如琴台路上的火锅店，美美地吃一顿，再接着走。

司马相如与卓文君共舞雕塑

➢ **实践任务**

请以小组为单位出发，寻找“君平街”“支矶石街”“琴台路”并留影。以汇报形式向同学说明去这些地方的具体路线、采用的交通方式等信息。

逛送仙桥，买古董

如果你对中国那些年代久远、具有文化价值的古董感兴趣，那一定要到送仙桥去逛一逛。送仙桥是成都最大的古玩市场，因传说中有人在这里见到了道教神仙吕洞宾而得名。如今，这里已经成为国内外“古玩迷”的集中地，他们常常会在这里逛上一两天而不觉得累。进入古玩市场，你会看到各种店铺和露天摊位一家紧挨着一家，出售的各种古董古玩、玉石翡翠、瓷器、邮票、旧时连环画，会让人看得欣喜，但又不知道如何选择。真是“只有想不到的，没有买不到的”。

古董古玩

当然，在这里要买到满意的古玩，你最好做到两点：第一，对古玩古董有一定的了解；第二，会讨价还价。举一个例子，如果你喜欢上了一个彩色瓷盘，要价 300 元，那么就先要打个五折，即 150 元，观察老板愿不愿意。如果老板犹豫，可以做出假装要离开的样子，等老板叫你回来，基本上就可以成交了。当然，如果老板没有留你，而你又特别想要这个东西，可以在 150 元的基础上，再加一点儿钱，直到达成一个双方满意的交易。可以说，“讲价”也是逛送仙桥的乐趣之一。

送仙桥的地理位置很好，古玩市场斜对面就是四川省博物馆、浣花溪公园。

从这里步行还可以到杜甫草堂或者青羊宫逛一逛，对于初来成都，想多走走看看的朋友而言，也是一条很好的线路。

小提示

➢ **送仙桥**

地址：成都市青羊区浣花北路 24 号（近浣花溪公园）。

交通：乘坐 19 路或者 35 路，在送仙桥站下车。

从牛市口到盐市口

中国古代的农耕文化在成都的街市留下了深深的印迹，许多街道以此命名，例如牛市口和盐市口。

牛市口位于成都市中心的东部，历史上官方称它为“得胜场”，老百姓则直接称其为牛市口。明末清初，由于多年战乱，人们生活困难，于是当地政府便向百姓提供粮食种子和牛，以帮助耕作，恢复农业生产。牛市口所处位置是农耕的重镇，经济活跃，所以政府在这个地方专门设立“牛市”，以吸引人们买卖耕牛。除了牛市以外，民间每年在此地举行庙会，使得牛市口的名气越来越大。百年以后，虽然牛市已经成为人们的记忆，但是你常常会看到街两旁一些以“牛”“得胜”命名的商店、饭馆、小区，它们好像在提醒人们，不要忘记以前的历史。

盐市口位于市中心，是成都最繁华的商圈之一。据史书记载，盐市口的历史可以追溯到汉代。清代的时候，盐市口成为食盐贸易的重要场所。从古到今，盐市口都是成都市的商业重地。现在，这里汇集了中环广场、新世纪广场、万达广场、茂业百货、仁和春天百货等大型写字楼和购物中心。近几年，仁恒置地、九龙广场、城市中心等商业建筑陆续出现，盐市口商圈的规模进一步扩大。

盐市口

对于喜欢逛街购物的人们来说，盐市口简直就是一个购物天堂。我们将在第四单元“时尚之都·成都的商业中心”一节里作更多的介绍。

购物累了，肯定想找一家饭馆，美美地吃上一顿。在盐市口，从中餐到西餐应有尽有。推荐盐市口的平价小吃，例如牛华豆腐脑、桥头面、节节香肥肠粉、七十一号豆汤饭等。

小提示

➢ **牛市口**

地址：成都市中心城区东部。

交通：乘坐 335 路公交车至“牛王庙”站，乘坐地铁 2 号线，到牛市口站下。

➢ **盐市口**

地址：成都市中心城区，锦江区西北部。

交通：1. 公交：乘坐 55 路、62 路、76 路到盐市口站下。

2. 地铁：牛王庙站乘坐地铁 2 号线，春熙路站（A 出口）下车。

三国文化系列街道

因为三国时期的蜀国建都于成都，所以，成都有不少纪念三国人物的街道。下面是几条具有代表性的街道。

武侯祠大街

武侯祠大街得名于这条街上的武侯祠，近年来，成都市政府对武侯祠大街进行了改造，将街道按照“千秋序曲”“蜀风礼义”“万里古道”三个部分进行了规划与打造。“千秋序曲”主要指彩虹桥至太成宾馆一段，主打明清民居风格；太成宾馆到钦善斋一段是武侯祠大街的核心地带，主题为“蜀风礼义”，以蜀汉文化为主，展示各种雕塑、壁画和民俗灯笼；钦善斋至高升桥一段是“万里古道”，因为武侯祠大街是川藏路的起点，是古蜀人民迁移的必经之路，因此该路段建筑以“西蜀民族风”为主。

武侯祠大街

武侯祠大街上有很多关于三国文化的纪念品商店，这里打着“四川名小吃”旗号的饭店也是一家紧挨着一家，比如大街东边的“耍都”，有一家小吃店，卖的是四川名小吃“钟水饺”，非常值得一吃。如果你爱读书，可以到位于武侯祠大街南边的成都购书中心逛一逛。这里是西南地区最大的购书场所之一，各种类型的书应有尽有。

新华文轩 成都购书中心

小提示

➢ **武侯祠大街**

地址：武侯祠堂东北方向与浆洗街相连，南达高升桥。

交通：乘坐1路、8路、49路、109路、335路等公交车可以到达。

衣冠庙、洗面桥、桓侯巷

这三个地名与三国时期蜀国的刘备、关羽、张飞三兄弟有关。据说当年蜀国大将军关羽打了败仗以后，被敌人杀死，尸体都不能运回成都。为了纪念关羽，人们只好把他的衣冠等埋起来，建了一个墓，墓前又修建了一座庙，称为“衣冠庙”。此外，为纪念关羽而命名的街道还有成都北边的小关庙街。

与衣冠庙临近的是洗面桥街。三国时期，关羽死后，刘备常常会去衣冠庙祭奠自己的兄弟。每次走到庙附近的桥下，刘备都要捧一把水，洗一下脸，以表示纪念兄弟的虔诚的心情，再到庙里拜祭。所以，人们把刘备经过的那座桥叫做“洗面桥”。

如今的洗面桥是一座现代仿制的石桥，由青石砌成。如果历史上的洗面桥能够保存到现在，桥龄就有800岁了。桥的两侧栏杆上雕刻着三国故事的场景，好像时时刻刻都在诉说这座桥的悠久历史。

桓侯巷离衣冠庙很近。桓侯是三国名将张飞去世后人们对他的尊称，巷子因此得名。根据三国的民间传说，二哥关羽死后，张飞非常生气，想快点报仇，对部下的人也过于严格。这引起了部下的不满，张飞最终被自己的部下杀死。由于找不到张飞的尸体，人们也不得不在巷子里立了一个“衣冠冢”，以此纪念张飞。

千年以后，虽然三条街发生了巨大的变化，但是关于刘备、关羽、张飞三兄弟的故事，将继续在这街坊邻里之间流传。

小提示

➢ 从衣冠庙到洗面桥

可乘坐 19 路、34 路、12 路到达衣冠庙，乘坐 109 路至洗面桥。

➢ 桓侯巷

可乘坐 35 路或者 335 路，在南门大桥站下，步行至桓侯巷。

九里堤

据史书记载，九里堤这个地方的确有阻止洪水的堤坝，而且真的有九里（一里等于 500 米）长。又据民间传说，三国时期，某年大雨，洪水凶猛，于是诸葛亮派一些士兵修筑了一道堤坝来拦住洪水。因此，这个堤坝被称作“诸葛坝”，后人在堤坝上建了一座庙，叫作“诸葛庙”。

九里堤

四川人因为爱戴诸葛亮，所以一有好事，都觉得是诸葛亮做的。事实上，有历史学家考证，“诸葛庙”应该叫“刘公庙”，是北宋时期的人民为了纪念成都知府刘熙古修建縻枣堰成功防范洪水的功劳而建立的。这个縻枣堰，就是九里堤。

不管是传说中的“诸葛坝”还是学者考证后的“縻枣堰”，九里堤都发挥了很大的防洪截水的功能。2013 年，政府在此建成“九里堤遗址公园”。进入公园，一座仿古牌坊非常显眼，在牌坊下，左侧是广场，右侧是“诸葛庙”。在“诸葛庙”的后门和公园广场上各有一座仿古桥梁，两桥之间有绿草的堤坝就是现在仅存的九里堤遗址，有 28 米长，6 米宽。

小提示

➢ **九里堤**

地址：成都市区西北方，一环路西北桥头起，止于三环路。

交通：乘坐 55 路、109 路可以直达。

➢ **南门大桥**

乘坐 35 路、82 路、343 路在南门大桥站下车。

➢ **实践任务**

1. 选择两到三条你感兴趣的街道，去逛一逛，从历史、文化、生活等方面，比较街道的相同点与不同点，并在班上做报告。

2. 收集几条街道以前和现在的照片，看一看，记录下街道发生的改变。

延伸阅读

除了上面介绍的几条街道以外，三圣街、玉泉街、老南门大桥等也与三国历史密切相关。例如，成都人熟悉的老南门大桥位于历史上的长星桥的位置。诸葛亮曾在那里送别蜀国名将费祎，说过“万里之桥，始于此桥”。因此，长星桥曾经长期被叫作“万里桥”，在清朝时又改名“南门大桥”。可惜的是，老南门大桥在 1995 年时已经被拆掉。

便利之都·成都的交通

唐代著名诗人李白曾写下“蜀道难，难于上青天”的诗句，说明那时候的四川盆地周围山高地险，交通困难。如今，随着经济的发展，政府对基础设施建设高度重视，四川已经有很多条高速公路、铁路和航空线路投入使用。作为省会的成都，交通状况发生了巨大的变化，已成为承接华南华中、连接西南西北、沟通欧亚的重要交通枢纽城市。

机场

成都目前虽然只有一个使用中的民用机场，即双流国际机场（简称双流机场），但它是中国中西部地区最大的机场。双流机场位于成都市西南郊区，离市中心 16 公里，于 1993 年被国家批准为“国际口岸机场”，2000 年获“落地签证权”，是多家航空公司成都分公司的基地机场。

双流机场

作为出入西藏的要道，双流机场也是前往西藏拉萨贡嘎机场的最大中转机场和前往西藏昌都邦达机场、林芝米林机场的重要中转机场。

双流机场目前拥有两座航站楼，T1 航站楼主要为乘坐国际（地区）航班和四川航空公司航班的旅客服务，T2 航站楼为乘坐其他航空公司国内航班的旅客服务。

2017 年，成都双流国际机场旅客吞吐量达到了 4980 万人次，其中国际（地区）旅客吞吐量突破 500 万人次，是中国第四大航空城，位居北京、上海、广州之后。截至 2018 年 6 月底，成都机场通航航线 317 条，其中国内 193 条，经停国内转国际 18 条，国际（地区）106 条，航线通达全球五大洲，国际航线可直达旧金山（San Francisco）、阿姆斯特丹（Amsterdam）、法兰克福（Frankfurt）、巴黎（Paris）、莫斯科（Moscow）、墨尔本（Melbourne）、阿布扎比（Abu Dhabi）、多哈（Doha）、首尔（Seoul）、东京（Tokyo）、纽约（New York）、洛杉矶（Los Angeles）、曼谷（Bangkok）、加德满都（Katmandu）等城市。

为了进一步吸引外籍人士来成都，成都于 2013 年 9 月开始实行“72 小时过境免签”政策，该政策允许 51 个国家的游客，在持有第三国（地区）签证和 72 小时内确定日期、座位前往第三国（地区）的联程机票的情况下，可以无需中国签证就能从成都双流机场入境和出境，在成都行政区划内停留 72 小时。这个政策为那些有意在转机间隙进行短途旅游的旅客提供了极大便利，也让更多商务人士愿意选择成都作为贸易往来的城市。

为配合这项政策的实行，双流机场设置了国际中转旅客专属服务区，提供外币兑换、行李寄存、租车、旅游推荐等特色服务，还提供一日游、二日游、三日游线路，为旅签提供方便。

随着成都对外交流的不断扩大，双流机场已经不能满足日益增长的航空需求，根据“十三五”规划，位于成都高新东区简阳芦葭镇的成都天府国际机场（成都第二机场）于 2016 年 5 月开始动工修建，计划 2020 年启用，它将承担从成都出发的全部国际航线，成为国家级国际航空枢纽。届时，成都将成为一座拥有“双机场”的城市。

小提示

➢ 成都双流国际机场

地址：成都市双流区机场路。

交通：1. 公交：成都双流国际机场有高速公路与市区相通，有6条专线公交车。（见表格）

2. 地铁：地铁10号线已于2017年9月开通，可直达T1、T2航站楼。

网址：http://www.cdairport.com

微信公众号：成都双流国际机场公众号

机场还有好多可以到达各主要景区的直通车，可以在T1国际到达出口和T2航站口4/5号出口搭乘。

序号	线路	候车点	运营时间
机场专线1号线	双流国际机场—市中心（人民南路二段）	T1停靠2号门；T2停靠4号门前行25米	双流国际机场早6:30、晚与航班结束同步；市中心人民南路二段（岷山饭店）6:00—22:00
机场专线2号线	双流国际机场—火车北站公交站	T1停靠2号门；T2停靠4号门前行90米	6:30—20:00（往返）
机场专线3号线	双流国际机场—火车东客站（西广场）	T1停靠1号门；T2停靠4-5号门之间，距4号门150米	7:00—20:00（往返）
机场专线4号线	双流国际机场—华阳客运站	T1停靠1号门；T2停靠5号门前行50米	双流国际机场 8:30—19:30；华阳客运站 7:30—18:30
机场专线5号线	双流国际机场—郫县犀浦公交站	T1停靠1号门；T2停靠5号门前行50米	双流国际机场 8:20—20:00；郫县犀浦公交站 7:00—19:00
机场专线7号线	双流国际机场—双流客运站	T1停靠1号门；T2停靠5号门南15米	双流国际机场 8:00—20:00

火车站与动车

成都目前一共有三个火车站正在运营：成都站（成都人习惯称其为“火车北站”）、成都东站、成都南站。成都站在 2011 年 5 月以前承担了主要的客运和货运工作；成都东站于2011年5月8日正式投入运营，总建筑面积22万平方米，是国内六大枢纽客站之一，是现在西南地区规模最大、功能设施最先进的火车站，是城际动车和高速动车的主要始发终到站。成都南站于 2014 年 12 月 20 日正式投入运营，是成绵乐城际高速铁路的配套工程。目前，成都西站也正在建设，投入使用后，将在成都地区组成“两主两辅”（以东站和北站为主，西站和南站为辅）新的铁路枢纽格局。

火车北站

成都东站

无论是哪一个车站，都有特快列车、快速列车和动车客运业务。例如成都到都江堰的动车，每天 7 班，只需要半个小时你就可以从成都站到达闻名世界的水利工程都江堰（参见第三单元中的“蜀地蜀景・成都风光”）一览美景。该动车的终点站是青城山（参见第二单元中的“问道求佛・成都的宗教文化”），青城山是四川著名的道教文化圣地，从成都到青城山全程只需要三十分钟，这在以前是想都不敢想的事情。铁路的发展，让一天之内从成都往返都江堰和青城山变成了现实，也让更多的游客来到成都了解丰富的蜀地文化。另一趟乘坐率较高的是成都到重庆的动车和高铁，从成都出发，只需两个多小时就可以到达重庆。重庆是在北京、上海、天津之后确立的直辖市，在 1997 年以前归四川省管辖。重庆和成都在文化上有很多相似性，也有很大的不同，在经济上有很多合作。因此，成都到重庆的动车的开通，让成都和重庆之间的“距离”变短了，交流增多了，联系增强了，促进了两地在各个方面的发展。

2017 年 12 月 6 日，西安至成都的高铁开通运营，旅程由之前的 11 个小时缩短为 4 小时。从此，一天之内参观西安兵马俑和成都熊猫基地变为现实。

小提示

➢ 在网上官方购买火车票的 APP 名为“12306”，节假日火车票非常紧张，需要提前购买。

小提示

➢ **成都站（火车北站）**

地址：成都市金牛区站东路 1 号。

交通：1. 公交：火车北站是成都公交网络最重要的站点之一，经过火车北站的公交线路有 1131 路环线、11 路、123 路、16 路、17 路、27 路、28 路、2 路、36 路、50 路、52 路、54 路、55 路、57 路、65 路、70 路、73 路、83 路、86 路、9 路、298 路等，可以根据自己的需要选择。

2. 地铁：地铁 1 号线、7 号线可至火车北站。

➢ **成都东站**

地址：成都市成华区保和街道万科路 4 号。

交通：1. 公交：公共汽车 2 路、38 路、40 路、91 路、101 路、146 路、147 路都可到达成都东客站。

2. 地铁：地铁 2 号线、7 号线可到成都东客站。

➢ **成都南站**

地址：成都市武侯区天府大道北段。

交通：1. 公交：公共汽车有 16 路、19 路、49 路、112 路等可达。

2. 地铁：1 号线、7 号线可到成都南站。

➢ **微信公众号：**成都火车站

➢ **官方微博：**成都火车站

地铁和快速公交

截至 2017 年 12 月成都地铁开通了六条线路：1 号线、2 号线、3 号线、4 号线、7 号线和 10 号线。

地铁 1 号线是南北走向，2 号线是东西走向，两条线路在成都市的心脏地带天府广场交汇，将成都的东南西北贯通起来，另外，2017 年 9 月开通的 10 号线 1 期使地铁和机场实现了无缝连接，大大提高了人们的出行效率。地铁通车以来，许多开车族和公交族都改乘地铁上下班，还有许多人骑着自行车到地铁站口，再换乘地铁出行，不但节约了路上的时间，还减少了汽车尾气排放，既高效又环保。地铁已经成为成都人不可缺少的交通工具之一。

此外，成都地铁的开放时间基本在 6:30—23:00 之间，很多乘客希望地铁能延长运营时间。相信随着成都开放力度的加大以及“72 小时过境免签”等利好消息的刺激，地铁作为重要的交通出行工具也会采取更多的措施迎接更多的游客。

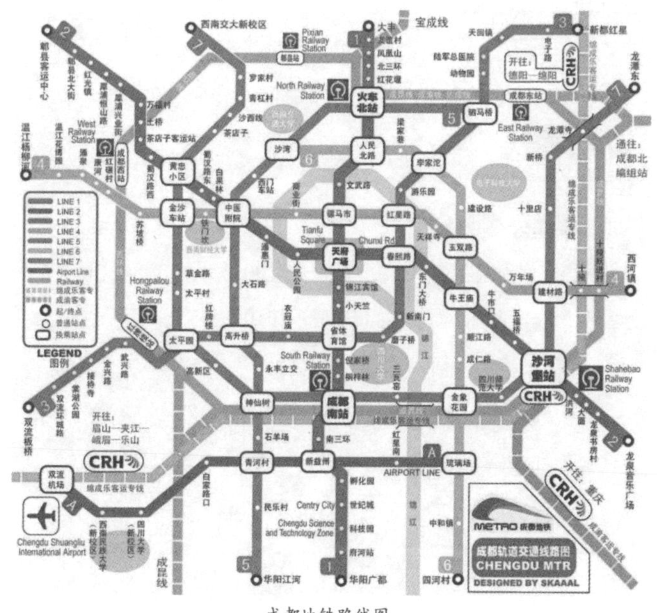

成都地铁路线图

快速公交，即BRT（Bus Rapid Transit），是一种介于快速轨道交通（Rapid Rail Transit，简称RRT）与常规公交（Normal Bus Transit，简称NBT）之间的新型公共客运系统，通常也被称作“地面上的地铁系统”。成都的BRT运营于成都市二环高架快速路，包含四条线路，于2013年中旬正式建成通车。K1和K2起点和终点都在金沙公交站，分别以顺时针和逆时针方向以循环方式行驶在二环路高架桥上。全程运行时间约66分钟。

快速公交系统最大的特点是它有专用的公交道路，而且整个路线中没有红绿灯，这保证了它的快速和便利。另外，由于这种非循环方式会给一些乘客带来不便，因此，在早晚高峰时间段也开行了K1A和K2A循环路线。这两条高峰线路运行时将不会离开二环快速路，对乘坐距离较短的乘客会更方便。

为了缓解交通拥堵现象，成都市政府从2013年7月1日开始实施不同尾号的车辆在不同工作日限行的政策。因此，快速公交系统的出现让人们多了一个选择，尤其对于那些居住在二环和三环附近的开车族来说，快速公交成了他们车辆限行日的首选。

小提示

➢ 成都快速公交路线

①K1线，收出车时间：06:00—23:00

②K1A线，收出车时间：06:00—19:00

③K2线，收出车时间：06:00—23:00

④K2A线，收出车时间：06:00—19:00

共享交通

2016 年底兴起的共享单车是一种计时租用，分布在学校、车站、街道等公共服务场所的自行车服务。它体现了低碳出行的概念，正在被越来越多的人认同。

经营共享单车的企业中，比较有名的是摩拜单车(Mobile)和小黄车(ofo)。根据摩拜单车 2017 年发布的《共享单车春季出行报告》和“摩拜骑行指数”，成都人骑行次数和骑行时间等均位居榜首，成都也是全国人均单次骑行最远的城市，这也跟成都人历来喜欢骑自行车的传统有关。

然而，共享单车作为新兴事物，在发展中也遇到了各种问题，如租金的管理和使用、单车的乱停乱放、恶意损坏、违规骑行等。成都已经率先推出中国第一个鼓励共享单车的文件——《关于鼓励共享单车发展的试行意见》，形成政府、企业、使用者“共管”“共享”的服务体系，促进共享单车市场的良好有序发展，解决公共交通“最后一公里”的难题。

除了共享单车，网络约车也是共享经济下的新兴事物。乘客通过互联网或移动终端预约汽车，在网上完成支付，在一定程度上减少了私家车的出行和停车带来的问题，保护了环境，提高了出行效率。但也有不少私家车加入到网络约车的队伍中，他们的驾驶技术没有专业的保证，同时车辆不属于运营车辆，给乘客的安全带来了隐患。因此政府也出台了一系列政策来规范网约车市场，为大家的出行提供便利。

共享汽车的使用方法和共享单车类似，下载 APP，凭驾驶证、身份证或护照等实名认证后，即可在相关点位租还用车。一般而言，所使用的汽车多为新能源汽车，但也有燃油车。每家共享汽车公司在计费、借还车规则、车型号等方面有所差异，有的按时间计费，有的按路程计费，使用之前最好先了解清楚。

需要注意的是，如果驾驶共享汽车出现事故，需要第一时间联系服务提供方，正常走保险流程理赔。但同时，租车人也会被扣取相应费用。如果是驾车人酒驾或无证驾驶等违法行为造成保险公司不理赔，租车人则必须全额赔付。同时，如果租车期间出现违章，租车提供方也会通过注册时的身份信

息找到租车人，由租车人自行处理。

共享交通如此便捷、经济、环保，在没有公交车又打不到出租车的时候，是很不错的出行选择。

小提示

➢ 共享单车在首次使用时需要绑定账户，有的需要存入押金并上传身份证件照片，解除绑定时可退还押金。

➢ 网络约车包括滴滴、神州专车等，均有 APP 可供下载。

➢ **实践任务**

1. 你有一位朋友打算用一天的时间参观成都的青城山、都江堰和天府广场，请你为他安排一条路线，充分利用各种公共交通工具。

2. 请你坐地铁从天府广场到成都东站，再从成都东站乘坐公共汽车回到天府广场，比较这两种交通方式哪种更经济？哪种更省时？乘坐的感受有什么不同？

巴适安逸 · 成都的方言

成都，巴适！摆一摆成都龙门阵。

中国有七大方言区，其中北方方言区域最大，大约有 73% 的中国人说北方方言。不过，不同地区的北方方言也不一样。成都话是北方方言的一种，但刚到成都的时候，你会感到成都话和普通话很不一样。

成都话属于北方方言中的西南方言。西南方言又称西南官话或上江官话，重庆、云南、贵州、四川等地区都说这种方言，现在在中国说这种方言的人口超过 2.7 亿。唐代中期，由于大量的北方移民南下云南、贵州、四川，奠定了西南官话的基础。但是元末和明末清初，四川人口两次大量减少，后来的“湖广填四川”使四川话发生了改变。

在中国，普通话与方言共存是一个事实，当然我们要大力推广普通话，不过，在学习普通话的同时，了解一个地区的方言可以帮助我们在那里更好地生活，这也是一件很有意思的事情。下面就让我们一起来说说成都话吧！

成都话的语音特点

（1）只有 z、c、s，没有 zh、ch、sh，例如：老师（lǎoshī→ lao3si1）[1]，吃饭（chīfàn→ ci2fan4）

（2）n、l 不分，成都人不能分别 n 和 l，发音时多发成 l，文章中的鼻音声母都记为 l。例如：利（lì→ li4），怒（nù→ lu4）

（3）没有 eng 只有 en，例如：真（zhēn→ zen1），成（chéng→ cen2），

1. 箭头前、后读音分别为面读音为普通话、成都话（下同）。

没有 ing 只有 in，例如：今（jīn→ jin1），应（yìng→ yin4）。

（4）有鼻音声母，例如：我（wǒ→ o3），安（ān→ an1）

（5）有四个声调，调类和普通话相同，调值和普通话不同，普通话的调值是：阴平 55，阳平 35，上声 214，去声 51，成都话调值[1]为：阴平 35，阳平 31，上声 53，去声 212。

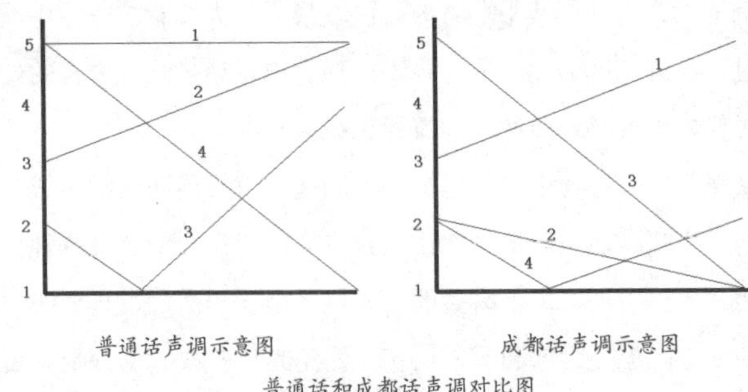

普通话声调示意图　　成都话声调示意图

普通话和成都话声调对比图

常用成都话

见面问好

1. 最近过得咋样？(zui4jin4 go4 de2 za2yang4) 最近过得好吗？
2. 最近身体还好嘛？(zui4jin4 sen2ti3 hai2 hao3 ma2) 最近身体好吗？
3. 吃饭没有？(ci2fan3 mei2you3)
4. 空了来一起耍哈！(kong4lo2 lai2qi3 sua3 ha3) 有空一起玩！

询问

1. 你叫啥子名字？（li3 jiao4 sa4zi3 min2zi4）你叫什么名字？
2. 你做啥子工作喃？（li3 zu4 sa4zi3 gong1zo2 lan1）你做什么工作？

1. 本书用“1、2、3、4”来表示成都话的四个声调。

3. 这是啥子东西哦？（ze4si4 sa4zi3 dong1xi1 o2）这是什么东西？

4. 这是啥子地方？（ze4si4 sa4zi3 di4fang1）这是什么地方？

5. 你是哪儿的人？（li3 si4 ler3 le1 ren2）你是哪里人？

6. 他是哪个？（ta1 si4 la3go4）他是谁？

7. 明天天气咋样？（min2tian1 tian1qi4 za2yang4）明天天气怎么样？

8. 他咋个没来上课喃？（ta1 za2go4 mei2lai2 sang4ko4 lan1）他怎么没来上课？

9. 问一下，到……咋个走？（wen4yi2ha4， dao4……za2go4zou）请问，到……怎么走？

10. 从教室到宿舍有好远喃？（cong2 jiao4si2 dao4 xio2se4 you3 hao3yuan3 lan1）从教室到宿舍有多远？

11. 你有莫得词典？（li3 you3mo2de1 ci2dian3）你有没有词典？

12. 你和哪个一起去公园？（li3 ho2 la3go4 yi2qi3 qie4 gong1 yuan2）你和谁一起去公园？

13. 这个词语用汉语咋个说？（ze4go1 ci2yu3 yong4 han3yu4 za2go4 so2）这个词语用汉语怎么说？

14. 今天我忙得很，明天去要得不？（jin1tian1 o3 mang2de2hen3, min2tian1 qie4 yao4de2bu4）今天我很忙，明天去行吗？

15. 我们每天好久开始上课？（o3men1 mei3tian1 hao3jiu3 kai1si3 sang4ko4）我们每天什么开始上课？

16. 这本书好多钱？（ze4ben3 su1 hao3do1qian2）这本书多少钱？

17. 香蕉好多钱一斤？（xiang1jiao1 hao3do1qian2 yi2jin1）香蕉多少钱一斤？

18. 你要好多苹果？（li3 yao4 hao3do1 pin2go3）你要多少苹果？

19. 你□[1]子了？（li3 zua4zi3lo2）你怎么了？

20. 你认得到王老师不？（li3 ren4de2dao3 wang2lao3si1 bu4）你认识王老师吗？

21. 你晓得这件事不？（li3 xiao3de2 ze4jian4 si4 bu4）你知道这件事吗？

22. 这件衣服有莫得少？（ze4jian4 yi1fu2 you3mo2te1 sao3）这件衣服打折吗？

23. 可以相因点儿不？（ko3yi3 xiang1yin1 die r3 bu4）可以便宜一点吗？

表达意愿

1. 我不咋个同意他的意见。（o3 bu2 za2go4 tong2yi4 ta1 de1 yi4jian4）我不太同意他的意见。

2. 这么多作业，咋个做得完嘛？（zen4men1 do1 zuo2ye2, za2go4 zu4de2wan1 ma2）这么多作业，我怎么能做完。

3. 他搞忘带书了，和我搭伙看嘛。（ta1 gao3wang4 dai4su1 lo2, ho2 o3 da3ho3 kan4 ma2）他忘记带书了，和我一起看吧。

4. 我今天有点儿不对，等一会儿去趟医院，可能来不到了哈。（o3 jin1tian1 you3die r3 bu2dui4, den3her1 yao4 qie4tang4 yi1yuan4, ko3len2 lai2bu2dao3 lo2 ha3。）我今天有点不舒服，一会儿要去医院，可能不能来了。

5. 成都又好看，又好耍，又好吃，巴适得板！（cen2du1 you4 hao3kan4, you4 hao3sua3, you4hao3ci2, ba1si4de2ban3）成都又好看，又好玩，又好吃真是太好了！

---

1. 一些成都话只有读音，没有对应的汉字，本书用“□”表示。

摆一摆成都龙门阵

龙门阵（一）在茶馆

A: 老板儿，喝茶。

B: 要得，快坐。喝啥子茶？

A: 喝三花。

B: 要得！哥老倌！来！盖碗儿茶倒起，龙门阵摆起！

A: 老板儿，拿个马架子来三，这个板凳好硬哦！

B: 要得哈！马上！

A: 老板儿，抹桌帕拿来再抹一哈嘛！这个桌子好脏哦！

B: 要得！来了！

A: 老板儿，麻将拿来摆起三！

B: 要得！哥老倌你的麻将，我再给你把水倒满哈！

A: 要得，谢谢！

B: 说这些！哥老倌你慢坐，有事喊我！

普通话翻译

A: 老板，喝茶。

B: 好的，请坐，喝什么茶？

A: 喝三花茶。

B: 好的！大哥！来！喝盖碗茶聊天！

A: 老板，拿个竹躺椅过来，这个板凳太硬了！

B: 好的！马上！

A: 老板，抹布拿来再擦一下！这个桌子很脏！

B: 好的！来了！

A: 老板，把麻将拿来！

B: 好的！大哥这是你要的麻将，我把茶水给你加满？

A: 好的，谢谢！

B: 不客气！大哥请坐，有事叫我！

龙门阵（二）问路

A: 你好，你晓得从海外教育学院到川大北门咋个走不？

B: 晓得，你要去哇？

A: 嗯，咋个走嘛？

B: 走起去有点远哦，你可以坐个小红帽（川大校内的人力三轮车）。

A: 莫得事，我喜欢走路，你给我说哈咋个走嘛！

B: 要得！这条路端端走，抵拢倒右拐。然后一直走，走到教育超市左拐，又端端走，走到幼儿园右拐，然后拉伸(cen1)走，走到头左拐就看到北门了哈！

A: 哎呀，好复杂哦，我都麻了！我还是坐个小红帽算了！

B: 哎呀，刚才就喊你坐小红帽，你要走路，这会儿又要坐车了，随便你！都要得！

A: 不好意思哈，麻烦你了！

B: 算了算了，你赶紧去坐车嘛！

普通话翻译

A: 你好，你知道从海外教育学院到川大北门怎么走吗？

B: 知道，你要去吗？

A: 嗯，怎么走呢？

B: 走路过去有点远，你可以坐三轮车过去。

A: 没关系，我喜欢走路，请告诉我怎么走。

B: 好的！这条路一直走，走到尽头右转。然后一直走，走到教育超市左拐，又一直走，走到幼儿园右拐，然后再一直走，走到尽头向左转，就看到北门了！

A: 哎呀，太复杂了，我都糊涂了！我还是坐三轮车过去吧！

B: 哎呀，刚才让你坐三轮车，你要走路，现在又要坐车了，随便你，都可以！

A: 不好意思，麻烦你了！

B: 算了算了，你抓紧时间去坐车吧！

成都人才懂的笑话，你看懂了吗？

成都人去北京的故事

到北京以后风很大，我就凉到了，我问路人："医院在哪个塌塌？"但是没有人听懂我的问题。还好，找了一会儿，我终于找到医院了，医生让我说普通话，我就用普通话告诉了医生我的病。我说："我脑壳痛得很，鼻子也不通气，颈项僵起僵起的，还有我的倒拐子、屁巴骨、克膝头儿、连二杆都痛得很，还有我的肚囊皮，不咳的时候还好，咳的时候就扯起扯起痛。"但我说完以后，医生的眼睛鼓得像个二筒，脑袋摇得像个拨浪鼓。最后我看的病也戮脱了。

普通话翻译：

到北京以后风很大，我就感冒了，我问路人："医院在哪里？"但是没有人听懂我的问题。还好，找了一会儿，我终于找到医院了，医生让我说普通话，我就用普通话告诉了医生我的病。我说："我头很痛，鼻子不通气，脖子非常僵硬，我的手肘、尾椎骨、膝盖、小腿也很痛，还有我的肚子，不咳嗽的时候好一些，咳嗽的时候就非常痛。"但我讲完以后，医生的眼睛睁得很大很圆，脑袋也使劲摇。最后我的病也没看成。

延伸阅读

(一)有趣的成都方言词汇

1.“哦嗬”(o3ho1):表示惋惜,有时含幸灾乐祸意。

例:哦嗬,绊倒了嘛!

2.“洗白”(xi3be2):表示本来属于自己的东西被夺走了。

例:昨天打麻将我遭洗白了,连吃饭的钱都没有了。

3.“闷墩儿”(men1der1):傻瓜;笨蛋。

例:你看我们家那个闷墩儿,好乖哦。

4.“椒椒角角”(ka1ka1go2go2):角落。

例:我不记得把手机放到哪个椒椒角角了。

5.“将就”(jiang1jiu4):

①迁就(某人)。

例:他不理我,我还厚起脸皮去将就他。

②凑合。

例:今天晚上没有菜,将就吃。

③顺便。

例:你去上课时,将就商量一下。

6.“小家八识”(xiao3jia1 ba2si4):小气、自私、吝啬。

例:我不喜欢小李,他小家八识的,什么都不舍得给别人用。

7.“搁到那儿”（ko4dao3 ner1）：放到那里。

例：我把手机搁到那儿了。

8.“烫”（tang4）

①欺骗，诈骗。

例：未必他还会烫我？

②厉害、棘手。

例：这个事情烫得很。

9.“水”（sui4）：说话不算话，办事不负责、不认真。

例：这个人做事情太水了。

10.“毛焦火辣”（mao2jiao1ho3la2）：形容非常着急，好像被火烤一样。

例：他以为钱包丢了，毛焦火辣的。

11.“撇脱”（pie2to2）

①干脆、洒脱。

例：撇脱一点儿，买还是不买？

②轻松，容易。

例：这件事没有这么撇脱。

12.“髦根儿朋友”（mao4ker1 pong2you3）：非常好的朋友，通常是指一起长大的好朋友。

例：我和她是髦根儿朋友。

13.“摆龙门阵”（bai3long2men1zen4）：聊天。

例：我最喜欢在院子里面和他摆龙门阵了。

14.“扯把子”（ce3ba3zi2）：闲谈，吹牛皮。

例：不要相信他说的话，他都是在扯把子。

15.“搭伙”（da2ho3）：大家平均出钱做某事。

例：今天中午我们搭伙吃饭嘛。

16.“相因”（xiang1yin1）：便宜。

例：这件衣服好相因哦。

17.“雄起”（xiong2qi3）：加油。

例：四川人，雄起！成都人，雄起！

18.“巴适”（ba1si4）

①舒服。

例：好呀，这才巴适啊！

②漂亮。

例：这个衣服好巴适哦！

③妥帖。

例：这件事整巴适没有？

19.“安逸”（an1i4）：很好，很舒服。

例：成都好安逸哦！

➢ （二）人体部位用成都话这样说

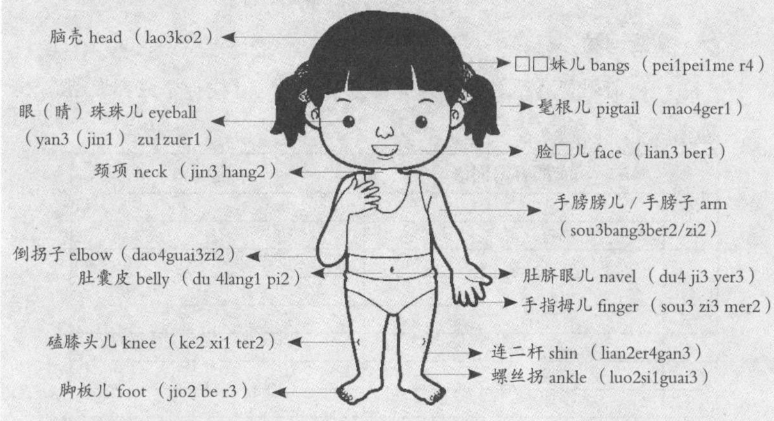

➢ （三）在成都收看收听方言节目

在成都你可以听到一些原汁原味的方言节目，比较有名的有：

1. 成都电视台第二频道，21:20—21:50，李伯清书场。（主讲人李伯清老师是地地道道的成都人，主讲长篇评书，在川渝地区可谓家喻户晓）

2. 成都电视台第二频道，19:45—20:25（周一至周五），小刚刚刚好。（一档地道的方言散打评书节目，评书开创者）

3. 成都电台交通广播（FM91.4,AM1485），17:00—19:00，飞哥欢乐派。（一档专门介绍成都美食的节目）

➤ 实践问题

一、请用普通话解释下列成都方言词语（寻找一个成都人帮助完成下列问题）：

	成都方言词语	普通话
1	搭伙	
2	小家八识	
3	相因	
4	雄起	
5	扯把子	
6	摆龙门阵	
7	将就	
8	烂耳朵	
9	楙楙角角	
10	抵拢倒拐	

二、猜猜下列句子中的划线词语是什么意思（寻找一个成都人帮助完成下列问题）。

1. 8 点上课，现在都 8 点半了，搞不赢了，已经迟到了。

2. 他们两个在耍朋友，我才不当电灯泡儿的。

3. 我每天都去上课，次把次不去就被老师发现了。

4. 中国春节的时候，小辈子给老辈子拜年，老辈子给小辈子发红包。

5. 他把我昨天告诉他的事情很快就告诉了别人，我最讨厌这种喜欢翻话的人。

三、试试用成都话问路，看看成都人是否能听懂，如果可以，将录音和同学们分享。

走进成都

ZOUJIN CHENGDU

第二单元

第二单元

古蜀文明·成都的悠久历史

成都既有多彩的现代生活，也有独特的历史。作为中国的“历史文化名城”，成都位于古代蜀地的中心，历史悠久，拥有三千多年的城市发展史，其间留下了很多古迹。现在，让我们走进下面的历史遗迹，了解一下成都遥远的过去。

三星堆遗址和金沙遗址

如果想了解成都久远的古代历史，首先应该去参观三星堆遗址和金沙遗址。

三星堆遗址位于成都东北方向的广汉市南兴镇[1]，离成都市区只有约四十公里。这个遗址距今已有四五千年的历史。它的发现有重大的意义。以前，关于四川西部古蜀国的历史，由于缺乏历史记载总是不太清楚。三星堆遗址的发现，证明了古书中记载的古蜀国确实存在。

三星堆遗址面积很大，它最早是在1929年被当地的一位村民偶然发现的，之后一直在发掘。1986年，考古学家在三星堆发现了两个长方形的坑，里面堆放着很多青铜器和金器。专家认为那些青铜器和金器是用来祭祀的物品，那两个坑是古蜀人放这些重要物品的祭祀坑，并认为三星堆是古代蜀国的一个都城。

今天，在三星堆遗址公园内有一座博物馆，建于1997年，位于遗址公园

1. 虽然三星堆遗址不在现今成都市的行政区划内，但因为三星堆遗址与位于成都市内的金沙遗址关系密切，是研究古蜀国不可缺少的部分，所以我们将它与金沙遗址一并介绍。

的东北角，设有第一展馆（又叫综合馆，展出金器、铜器、玉器、石器、陶器等各类文物）和第二展馆（又叫青铜馆）。

三星堆遗址博物馆

可以说，每一位参观三星堆博物馆的人都会被里面的文物吸引。最著名的文物有青铜大立人像、青铜纵目面具、青铜神树和戴金面罩青铜人头像等。青铜大立人像高 2.62 米，不少学者认为这个人像是主持祭祀的巫师的形象，也就是能与神灵通话，帮助人们祈祷的人的形象。青铜纵目面具宽 1.38 米，如果参观者了解古蜀国历史，看见这个面具就会想到传说中古蜀国的第一位蜀王——蚕丛，古书中记载他的眼睛向外突出，这个特点与青铜纵目面具的特点相同。青铜神树高 3.95 米，树中有一些太阳神鸟，表现了古蜀人对宇宙的好奇。

三星堆文明的突然消失一直是一个历史之谜。2001 年 2 月，在成都西边的苏坡乡金沙村发现了金沙遗址，它距今已有两三千年的历史。让人惊喜的是，那里的出土文物中也有很多金器、青铜器和玉器，其中的金面具与三星堆的青铜面具很相似，一个青铜小立人像与三星堆的青铜大立人像的姿势几乎完全一样。这些都说明了金沙遗址和三星堆遗址有明确的先后传承关系。

2007 年，金沙遗址博物馆建成，分为遗迹馆、陈列馆等部分。遗迹馆直接建在金沙遗址的发掘场地上。陈列馆分五个展厅，展示了很多文物精品，其

中的太阳神鸟金饰、金面具与十节玉琮（中国古代用于祭祀的玉器）最吸引人。太阳神鸟金饰是一个圆而薄的金片，图案分为两圈，内圈是十二条旋转的光芒，外圈是四只飞鸟，表现出远古蜀人对太阳和鸟的崇拜。如今，太阳神鸟金饰已经被用作“中国文化遗产”标志，也成了成都市的形象标识。玉琮则是外方内圆的筒形玉器，金沙遗址出土了十余件玉琮，其中的十节玉琮最精美。

太阳神鸟金饰

三星堆遗址和金沙遗址是目前四川最重大的考古发现，它们将古代蜀国的历史推到五千年前，也使成都这座城市更加富有历史魅力。

小提示

➤ 三星堆遗址博物馆

地址：四川广汉市西安路 133 号。

开放时间：8:30—18:00（青铜馆开放时间到 18:30）。

门票：80 元（学生票 40 元）。

交通：1. 在成都武侯祠坐景区直通车直达三星堆（每天 11:30 发车）。

2. 在成都昭觉寺客运站坐车至广汉市，再坐当地 6 路公共汽车到博物馆。

3. 坐成绵乐城际列车至广汉北站，再转车去博物馆。

网址：http://www.sxd.cn

微信公众号：三星堆博物馆

➤ 金沙遗址博物馆

地址：成都市青羊区金沙遗址路 2 号。

开放时间：8:00—17:30。

门票：80 元（学生票 40 元）。

交通：1. 可乘地铁 7 号线至金沙博物馆站。

2. 乘 7 路、83 路、84 路等公交车可至金沙遗址路口站。

网址：http://www.jinshasitemuseum.com

微信公众号：金沙遗址博物馆

望丛祠

如果想更好地了解古蜀国的历史，有一个地方是不可错过的，那就是成都西边的望丛祠。

祠是祠堂的意思，是古时候人们祭祀重要人物的地方。根据古书中模糊的记载，古蜀国历史上曾经有五个王，他们分别是蚕丛、柏灌、鱼凫、杜宇和鳖灵。望丛祠就是纪念杜宇和鳖灵的地方。

望丛祠纪念堂

传说杜宇很重视农业生产，他在今天成都西部的郫都区一带建立了都城。但是，他的都城总是受到岷江洪水的破坏。后来，来了一个叫鳖灵的人。他很有能力，用特别的方法治理了岷江的洪水。杜宇看见鳖灵的功劳比自己大，于是就把自己的王位让给了鳖灵。后来的人把杜宇称为望帝，把鳖灵称为丛帝。因为望帝教人们进行农业生产，丛帝为人民治理洪水，因此，蜀国的后人一直怀念他们，并修建祠堂纪念他们。这个地方就是“望丛祠”。

望丛祠位于成都市郫都区西南边，距成都市区 23 公里，初建于宋代，

1985年进行了扩建。它是一个很大的公园，里面有近年修建的望帝、丛帝纪念堂。纪念堂正中是望帝、丛帝的青铜塑像。

望帝丛帝纪念堂的后边是望帝的陵墓，高15米。丛帝陵则在纪念堂的左侧，高12米。如今，这两座陵墓经过多次整修，种有很多柏树，使陵墓显得更庄严宁静。望帝陵和丛帝陵是四川最古老的帝王陵，同时，望帝陵还是四川面积最大的帝王陵。

古望帝之陵

望丛祠平常是一个很安静的地方，不过，在每年农历端午节前后，人们都要聚集在望丛祠里进行唱歌比赛。根据传说，望帝杜宇死后变成了杜鹃鸟，每到春天都要大声鸣叫，提醒人们尽早进行农业生产。为了感谢望帝的好意，郫都区一直保留着“赛歌会”的传统，用歌声表达对望帝的谢意。如今，这一传统已列入四川省非物质文化遗产保护名录。

望丛祠内树木茂盛，有听鹃楼、鳖灵湖和郫都区博物馆，很值得参观。

小提示

➢ **望丛祠**

地址：成都市郫都区望丛中路 3-4 号。

开放时间：8:30—17:30。

门票：免费。

交通：坐地铁 2 号线至犀浦站，再坐 P17 路至西外街站。

武侯祠

在中国历史上的三国时期，成都是蜀汉的都城。如果想感受成都那段时间的历史，就应该去参观成都市内西南边的武侯祠。

刘备（161－223）是三国时期蜀汉的开国皇帝。他听说一个叫诸葛亮（181－234）的人很有才干，就请他帮助治理国家。诸葛亮后来成为蜀汉的重要官员，为蜀汉做出了很大贡献。诸葛亮生前被封为武乡侯，去世后被称为忠武侯，因此，为他修建的祠堂就叫武侯祠。

其实中国的武侯祠不只一座，而成都的武侯祠很独特，因为它是中国唯一一座同时纪念皇帝和他的官员的地方。刘备去世后被称为昭烈皇帝，纪念他的地方就是汉昭烈庙。诸葛亮去世后成都也修建了武侯祠。这两个地方本来是分开的，后来，人们把武侯祠和汉昭烈庙合并在了一起。现在，虽然武侯祠的

正式名称是 “汉昭烈庙”（景点大门上方写着这四个字），但是人们仍然习惯把它称为武侯祠，可见诸葛亮很受人们尊敬。

武侯祠正门

武侯祠内的主要建筑有刘备殿和纪念诸葛亮的祠堂。人们一走进武侯祠大门，就会看见一条石路，道路两边分别立着六块古碑，最有名的是一块唐代石碑，因为碑文、书法和雕刻都很绝妙，所以被称为“三绝碑”。

刘备殿是一个四合院结构的建筑。大厅中间立着刘备塑像。刘备像左右分别是关羽、张飞的塑像，他们二人与刘备结为兄弟。在刘备殿的两侧，有两条长廊，分别是“文臣廊”和“武将廊”，里面分立着蜀汉时期重要的文官、武官的塑像。对于喜欢三国故事的人来说，看着这些人像，他们一定会觉得非常亲切。

经过刘备殿，穿过一个过厅，就是真正意义上的纪念诸葛亮的“武侯祠”。它的正殿大门上方写着“名垂宇宙”，门柱上挂着很多著名的对联，正殿里有诸葛亮祖孙三代的塑像，这些都表现出人们对诸葛亮非常敬佩。

武侯祠的西侧，有埋葬着刘备及其夫人的惠陵，它已经有近1800年的历史。

武侯祠内还有“孔明苑”（诸葛亮字孔明），里面展示着诸葛亮发明的很多工具和武器，说明诸葛亮在科技、军事方面都很有才能。另外，祠内还有一

诸葛亮塑像

个“三国文化陈列室”，展示了三国时期人们的生活状态。总之，武侯祠是纪念诸葛亮、刘备和其他蜀汉时期人物的最有名的地方，被称为“三国圣地”。

武侯祠西边有南郊公园，东边是新建的锦里（具体可见第三单元“锦里”介绍），都很值得参观。

小提示

➤ **武侯祠**

地址：成都市武侯区武侯祠大街 231 号。

开放时间：8:00—18:00。

门票：60 元（学生票 30 元）。

交通：可乘 1 路、57 路、82 路等公交车至武侯祠站。

网址：http://www.wuhouci.net.cn

微信公众号：成都武侯祠

永陵

永陵是成都市另外一座很有名的王陵，是中国五代十国时期（907—979）前蜀国的开国君主王建（847—918）的陵墓，所以很多老成都人都还把永陵称为王建墓。

永陵正门

王建是河南人，既勇敢又机智。在唐代末年的混乱局面中，他逐渐占据了巴蜀之地，被封为蜀王。公元 907 年唐代灭亡，王建在成都自称皇帝，建立了自己的国家，这就是历史上的“前蜀”。

王建成为皇帝以后，发展农业生产，使前蜀国成为当时南方十国中社会最稳定、国力最强的国家之一，成都的经济与文化在唐代的基础上继续发展，成为当时中国很繁华的大都市。公元 918 年，王建去世。公元 925 年，前蜀被消灭。前蜀存在的时间很短暂，但前蜀时期修建的永陵却幸运地保留到了今天，成为解那段历史的宝贵文物。

永陵位于成都市青羊区永陵路。人们一走进永陵景区大门，就会看见一条神道，旁边立着一些石人石兽，这是典型的皇帝陵墓的建筑样式。神道一直通

永陵神道上的神兽

向永陵的墓室入口。这个陵墓的外观是一个半球形，直径约 80 米，高约 15 米，是中国现在发现的唯一一座地上陵，也就是墓室修筑在地表之上的陵墓。永陵地宫有前室、中室、后室三部分，全长 23.4 米，最宽处有 6.1 米，最高处有 6.4 米，三室之间隔着木门。

永陵地宫的中室放置着一具石棺床。这具棺床是永陵最吸引人的文物，它被认为是中国已经发现的帝王陵中最精美的一具棺床。这个棺床两侧有十二个大力士半身俑塑像，表情生动，它们好像正在抬着棺床。棺床的东、西、南三面石壁上雕刻着“二十四伎乐”，也就是由二十四人组成的跳舞和奏乐的团队。这二十四人中有两人在跳舞，二十二人在奏乐。这一晚唐五代时期宫廷乐队的群像，据说是中国目前发现的同时期乐队图像中最完整的。宫女演奏的乐器各不相同，有各种各样的打击乐器和吹奏乐器，因此，这些石像是极其宝贵的历史资料，可以帮助人们研究唐代及五代时期宫廷乐队的组成以及中国的乐器史和音乐史。二十四位宫女的浮雕个个都表情生动，是中国五代时期石刻的经典之作。

永陵地宫的后室安放着一座王建皇帝的坐像。这座石像的神态很安详，面貌很真实、生动，专家认为是中国目前陵墓中唯一的帝王真容石像。永陵墓墙上的彩色绘画也很精美。永陵中还发现了不少珍贵的唐代文物，这些古代的珍宝都收藏在永陵的文物陈列馆内。

小提示

➤ **永陵**

地址：成都市金牛区永陵路 10 号。

开放时间：8:00—18:00。

门票：20 元（学生票 10 元）。

交通：乘 30 路、42 路等公交车至永陵路口站。

微信公众号： 成都永陵

网址：http://www.cdylbwg.org/

➢ 实践任务

1. 寻找课文中介绍的三星堆遗址博物馆、金沙遗址博物馆中最有代表性的藏品，介绍一下物品的外观，并谈谈你的感受。

参观地点	
参观时间	
同行人员	
展品 1	简介： 感受：
展品 2	简介： 感受：

展品 3	简介： ____________________ 感受：
展品 4	简介： ____________________ 感受：

2. 在武侯祠，比较景区大门的名称与纪念诸葛亮的祠堂名称。查阅资料，说明名称的由来。

3. 参观永陵地宫中的棺床，欣赏二十四伎乐雕像。想办法认出乐器种类，把乐器名称记录下来，在班上做报告。

提示：在永陵东侧建有一个小广场，并有二十四伎乐的塑像，塑像下方有各种乐器的文字说明，请记录这些乐器的名称。

永陵现在是一座博物馆，陵墓的园林区变成了一座开放的公园，环境优美，是一个闹中取静的休闲之地。

成都平原自古被称为“天府之国”。富足的物质条件、休闲的生活方式使这里既不缺少文化产品，也不缺少欣赏文化的人。博物馆集中了一个地方的文化遗产，参观博物馆，能很快了解一座城市的历史特色和当地人的精神风貌。成都博物馆众多，它们有的在市区，有的在郊外；有的是综合性的，有的是专门性的；有官方开办的，也有民间个体创办的；有独立的，也有附属的。我们选择介绍以下五座博物馆，它们是成都各种博物馆的代表。

四川博物院

四川博物院，成都人称之为“省博”，是中国西南地区最大的综合性博物馆。它始建于1941年，2009年建成新馆，位于风景优美的浣花溪历史文化区。

四川博物院

四川博物馆馆藏文物达二十六万余件，其中国家一级文物近一千四百件。有十个常设展厅，它们分别有不同的主题。例如，“张大千艺术馆—大风堂”展厅收藏着四川籍画家张大千（1899—1983）各个时期、不同题材的作品，其中最著名的是他临摹甘肃敦煌莫高窟壁画的作品。“巴蜀青铜馆”里收藏着很多充满神秘气息的古代青铜器。“四川汉代陶石艺术馆”收藏着四川汉代的画像砖、画像石以及陶俑，内容丰富，很有生活气息。“四川民族文物馆”则收藏着彝族、藏族、羌族、苗族等少数民族的服饰和生活用品等。四川西部是重要的藏族生活区，所以“藏传佛教文物馆”的藏品很丰富，有很多进行宗教仪式时使用的法器。此外，“万佛寺石刻馆”“书画馆”“陶瓷馆”“工艺美术馆”“共和之光”都分别收藏有不同主题的展品。

四川博物院内景

除了以上十个常设展厅，四川博物院还有四个临时展厅，用于短期交流展出。四川博物院很重视与国内、国际博物馆的交流，定期组织一些很受欢迎的高质量的特别展览，如“扬州八怪书画展”“梵天东土 并蒂莲华：公元400—700年印度与中国雕塑艺术大展”“卢浮宫馆藏铜版画展”等。

四川博物院是四川重要的文化设施，担负着推广文化的社会责任。它坚持为青少年开辟“第二课堂”。从2010年起，四川博物院就推出了“大篷车流

动博物馆”，把展览送到四川的边远地区。这些文化推广活动受到了公众的欢迎。

参观四川博物院，可以了解四川历史与文化艺术的方方面面。

小提示

➢ **四川博物院**

地址：成都市青羊区浣花南路 251 号。

开放时间：周二至周日，夏季 9:00—21:00，冬季 9:00—20:00。

门票：免费（需持身份证或护照换票入馆参观）。

交通：乘坐 19 路、35 路、58 路、82 路等公交车至送仙桥站。

网址：http://www.scmuseum.cn/

微信公众号：四川博物院

成都博物馆

如果一位外地人想快捷而全面地了解成都这座城市的历史，那么，去成都博物馆参观一下，应该是不错的选择。

成都博物馆已有五十多年的发展历史。2016 年，位于市中心天府广场西侧的成都博物馆新馆正式开放。这座建筑现代而大气，还于 2017 年年底获得“2016—2017 年度中国建设工程鲁班奖（国家优质工程奖）”。

成都博物馆作为中国西南地区规模最大的城市博物馆，现收藏了两万多件文物，其中最著名的是古代石刻和汉代画像砖，它们不仅艺术价值很高，而且是研究成都历史与文化的重要史料。

成都博物馆主体建筑分为顶部相连的南楼和北楼：南楼有行政区和学术报告厅；北楼则主要是展示区，其中地面层为大厅和一号临时展览厅，地下一层为二、三号临时展览厅，地上二层至四层是常设展览“花重锦官城——成都历史文化陈列”的各个部分，有“古代篇”“近世风云与民俗篇”等，五层是中国皮影及木偶展。“成都历史文化陈列”展品时间跨度大，内容丰富，详细展示了成都的历史、地理、文化和生活等各个方面的特点；而且，展览形式丰富，有场景复原、沙盘模型、多媒体等生动的方式。

除了常设展览，成都博物馆不断推出了高水平的临时展览和特别展览，如“丝路之魂”“帝国夏宫”“现代之路——法国现当代绘画艺术”等，布展精致，讲解详细，深受市民欢迎。

另外，成都博物馆的文化产品与文化活动特别丰富。参观者可以买到各种以博物馆藏品为灵感的创意产品，真正做到把“博物馆带回家”。而且，博物馆结合各种展览，面向大众，及时地推出很有深度的专家讲座，公众通过该馆的微信公众号就可以预约讲座票，受到人们的热烈欢迎。

成都博物馆

小提示

➢ **成都博物馆**

地址：成都市青羊区小河街 1 号（天府广场西侧）。

开放时间：周二至周日，夏季 9:00—20:30，冬季 9:00—20:00。

门票：免费（需持身份证或其他证件换票入馆参观）。

交通：1. 公交：可乘坐 16 路、26 路、61 路公交车到人民南路一段站，再步行前往。

2. 地铁：乘坐 1 号或 2 号地铁，至天府广场站。

微信公众号：成都博物馆

网址：http://www.cdmuseum.com/

建川博物馆

建川博物馆是一所很特别的博物馆。它的全称是“建川博物馆聚落”，目前已建成并开放20余座场馆，而且一直在扩建。该馆是企业家樊建川在2005年创建的，位于距离成都市区约50公里的大邑县安仁镇。它的面积很大，各个展馆的设计都很新颖。建川博物馆现在拥有藏品一千余万件，其中国家一级文物400多件，是中国目前收藏内容最丰富的民间私人博物馆。

建川博物馆大门

建川博物馆按照不同的主题，分为“抗战”“民俗”“红色年代” 和“抗震救灾”等系列。其中特别引人注意的部分是抗战系列，它包括六个主题陈列馆（“正面战场馆”“川军抗战馆”等）和两个广场——中国壮士群雕广场、抗战老兵手印广场。红色年代系列包括“知青生活馆”“红色年代生活用品馆”等，集中展现了20世纪六七十年代“知识青年”的生活岁月。抗震救灾系列再现了2008年“5·12汶川大地震”的情景。民俗系列则集中展示了中国传统生活中的一些方面，如“老公馆家具陈列馆”“三寸金莲文物陈列馆”等。

建川博物馆展厅的墙上到处挂着“我们不说话，让历史说话”的牌子，说明该馆希望真实地重现历史的想法。博物馆的藏品有的来自抗战将士家属的捐赠，有的是在各种拍卖会上购买所得，有的则是馆长樊建川从各地的文物市场

上发现并收购的。樊建川先生认为，收藏民族记忆不仅是国家的事情，也是民间收藏家的责任。

建川博物馆作为私人博物馆，一直在想办法“自己养活自己”。该馆结合自己的特点，开设了旅游商品店、特色食堂、特色茶馆、特色客栈、夏令营等。如今建川博物馆不仅是一个文化展示基地，也是一个可以休闲娱乐的旅游度假地。而它所在的安仁镇本身就是中国著名的博物馆小镇，镇内有很多藏身于老建筑的主题博物馆，其中不少可以免费参观，非常有特色，值得一看。

建川博物馆展馆之一

小提示

➤ **建川博物馆**

地址：成都市大邑县安仁镇迎宾路。

开放时间：9:00—17:30。

门票：通票 100 元。另有参观个别展馆票价（八馆票 80 元，三馆票 50 元）。

交通：从成都金沙客运站乘车至大邑县安仁客运站，再坐当地 11 路公交车即可到达。

网址：http://www.jc-museum.cn/

微信公众号：建川博物馆

蜀锦织绣博物馆

成都为什么在古代被称为“锦官城”？流经成都的河流为什么叫“锦江”？如果想了解其中的原因，就应该去成都的蜀锦织绣博物馆看一看，了解一下著名的蜀锦、蜀绣的历史与现状。

蜀锦织绣博物馆正门

蜀锦织绣博物馆，俗称蜀绣博物馆，建于 2009 年，位于浣花溪公园旁边一座别致的建筑内，这个地方以前是成都蜀锦厂。它是中国唯一一座保存有全套蜀锦手工制作工艺的博物馆。

蜀锦织绣博物馆小巧而紧凑，分为三层。最下面一层为蜀锦、蜀绣、服饰、纺织机具展示区。参观者首先会看到墙上有“桑蚕十二事图”系列石刻，它们展示了成都种植桑树、养蚕、制作丝绸的历史。墙上还有一张成都出产的丝绸和锦缎通过丝绸之路传到世界各地的路线图。这些都展现了成都历史上丝织业极为发达的盛况。底层还有两个分别名为 “锦”和“绣”的独立展室，用详细的文字和珍贵的实物展示了蜀锦、蜀绣的历史演变过程。服饰展区则展示了明清时期用蜀锦蜀绣制作的精美服饰。纺织机具展示区展示了各种大小不同、用途不同的古老的纺织工具和机器。

在贯穿博物馆三层的中庭位置，放置着四台大型的传统手工织锦机，特别引人注目，这也是该馆的“蜀锦制作工场展示区”。每隔一段时间，会有掌握传统工艺的蜀锦艺人为大家展示手工编织蜀锦的独特技术。

传统蜀锦织机

从底层的展示区往上走，在中层你可以看到现代的蜀锦、蜀绣工艺品展示区与销售区。那里有各种精美的锦缎与蜀绣艺术品。在展区的一个安静的角落，时常会有一两位蜀绣艺人在专心地刺绣，让观众亲眼观看蜀绣的制作过程。

蜀锦织绣博物馆的内部设计细致而温馨。休息区、工艺品展示区都摆放着中式桌椅。参观者可以舒服地坐在传统中式椅子上，愉快地欣赏精美的蜀锦、蜀绣艺术品。

蜀锦博物馆是很多中外游客到成都的必访之地。在这里，既可以欣赏美丽的艺术品，也可以购买成都独有的纪念品。

小提示

➢ **蜀江锦院**

地址：成都市青羊区草堂东路2号。

开放时间：9:00—17:30。

门票：免费。

交通：乘19路、82路等公交车可到大石西路南（北）站，步行至博物馆。

网址：http://www.cdbem.cn

微信公众号：蜀江锦院

四川大学博物馆

四川大学博物馆是中国高等院校博物馆中最大的综合性博物馆，也是中国西南地区历史最悠久的博物馆，已有100多年历史。它历经搬迁，如今，新的四川大学博物馆于2005年开馆，坐落于四川大学望江校区东门侧，紧挨着风景优美的锦江和望江楼。川大博物馆收藏着八万余件文物，其中西南少数民族文物、四川汉代画像石和画像砖、唐代佛教石刻、明清书画等最有特色。

四川大学博物馆正门

谈到四川大学博物馆，就必须说到两位美国人。20世纪初，在华西协合大学任教的美国学者戴谦和（D. S. Dye）于1914年开始建立华西协合大学古物博物馆（又称为“考古、艺术和人类学博物馆”），这就是四川大学博物馆的前身。它的第二任馆长是美国学者葛维汉（D. C. Graham），他为博物馆的早期发展做出了巨大的贡献。当时，古物博物馆收藏的西南少数民族文物吸引了世界各地研究者的目光。20世纪50年代，华西协合大学古物博物馆改为四川大学历史博物馆。此后，经过几代博物馆工作人员的辛勤工作，如今的四川大学博物馆已成为藏品丰富而独特、很具吸引力的高校博物馆。

四川大学博物馆展厅分四层，设有考古学陈列馆、石刻艺术馆、民俗学馆、

民族学馆、书画艺术厅、古代瓷器厅、古代服饰艺术厅七个基本陈列展馆。考古学陈列馆中最著名的是20世纪30年代对广汉三星堆遗址进行首次发掘后发现的远古文物。

石刻艺术馆内主要有四川境内发现的东汉画像石、画像砖和唐代龙兴寺佛教石刻造像，它们向人们展示了古代四川人的生活方式和思想观念。民俗学馆收藏着很多清末民初的民俗文物，充分展示了四川人热爱生活、享受生活的特点，其中的婚庆用品和皮影特别引人关注。民族学陈列馆收藏有西南少数民族如藏族、羌族、彝族、苗族的各种用品，重点为四川藏区文物。书画艺术厅和古代服饰厅主要陈列明清时期的相关珍贵藏品，古代瓷器厅则陈列着宋代至清代的瓷器精品。

除了基本陈列以外，四川大学博物馆还时常举办一些专题展览，如“清代人物画特展”“明代书画名家珍品展”和“ 清代花鸟画展”等。

四川大学博物馆展厅开阔，在展品陈列方面，该馆使用了场景式陈列方式，比如布置有“新房”“书房”等，这样更能使参观者真切地领略展品的使用场景。另外，该馆展品的文字说明很丰富，每个展厅还放置有电脑触摸屏，观众可以方便地查阅藏品的详细资料。

四川大学博物馆内景

四川大学博物馆是中外学者一百年共同努力的结果，它在文物的收藏保护、陈列展览、学术研究、对外交流合作等方面都有很大的成就。如今，它是四川大学教学实习基地，也是四川省科普教育基地，还与四川博物院共同成立了“科研规划与研发创新中心”。四川大学博物馆既是了解四川大学的窗口，也是了解四川、认识成都的一个重要窗口。

小提示

➢ **四川大学博物馆**

地址：成都市望江路 29 号。

开放时间：9:00—17:00。

门票：30 元（学生票 10 元）。

交通：乘坐 19 路、256 路、1107 路公交车至四川大学站。

网址：http://scudm.scu.edu.cn

微信公众号：四川大学博物馆

延伸阅读

成都其他展馆名录（部分，不包括名胜古迹内的博物馆）

➢ **四川科技馆**

地址：成都市人民中路一段 16 号（天府广场北侧）。

开放时间：9:30—16:30（周一闭馆）。

门票：普通票 30 元，年票 50 元。

网址：http://www.scstm.com/

➢ **成都市规划馆**

地址：成都高新区锦晖西一街。

开放时间：9:00—17:00（周一闭馆）。

门票：免费。

➢ **四川美术馆**

地址：成都市人民西路 6 号。

开放时间：9:00—17:00（周一闭馆）。

门票：免费。

网址：http://www.scmeishu.org/

➢ **成都当代美术馆**

地址：高新区天府大道天府软件园 C1 西楼（靠近新会展中心）。

开放时间：10:00—17:30（周一闭馆）。

门票：免费（个展、特展除外）。

➢ **成都工业文明博物馆**

地址：成都市成华区建设南路 1 号。

开放时间：9:00—17:00。

门票：免费。

➢ **成都刘氏庄园博物馆**

地址：成都市大邑县安仁镇金桂街 15 号。

开放时间：9:00—17:00。

门票：40 元。

➢ **成都川菜博物馆**

地址：成都市郫都区古城镇荣华北巷 8 号。

开放时间：9:00—20:00。

门票：典藏馆 20 元，其余免费。

➢ 成都理工大学博物馆

地址：成都市成华区二仙桥东三路 1 号。

开放时间：8:30—12:00，14:30—17:00。

门票：5 元。

➢ 西南民族大学博物馆

地址：成都市武侯区一环路南四段 16 号。

开放时间：每周二 8:30—12:00，14:30—17:00。

门票：免费。

实践任务

1. 参观课文中介绍的五座博物馆之一，并介绍两件给你留下最深刻印象的展品，在班上做报告。

参观的博物馆	
参观时间	
同行人员	
展品 1	简介： 感受：
展品 2	简介： 感受：

2. 参观蜀锦博物馆后，说明成都平原在古代被称为“蜀”、成都古称“锦官城”、流经成都的河流叫“锦江”的原因。

3. 按图寻宝。请分别在四川博物院、成都博物馆和四川大学博物馆寻找下列照片中的文物，并根据提示，说明文物的名称、年代和特点。

悠悠书香·成都的文化名人

“山不在高，有仙则名；水不在深，有龙则灵。”成都因为有许多名人而变得更加有魅力，有很多有名的诗人、作家出生在这里，或曾经在这里居住。唐代的杜甫、薛涛，现代的李劼人、巴金，他们曾经住在成都，用自己的笔记录了自己眼里的成都，记录了成都的历史和成都的发展。今天，他们的故居也成了来成都的中外游客参观游览的地方，现在就跟我们一起来游览一下文人故乡，走进文人的世界。

杜甫草堂

杜甫（712—770）是中国古代著名的诗人，出生在中国北方，为了躲避唐代一场著名的内战——安史之乱，带着家人从陇西来到成都。在亲友的帮助下，在成都西郊风景如画的浣花溪旁修建了茅屋，并定居于此，这里就是草堂。当时的草堂是杜甫一家人的住所，十分简陋，在杜甫的《茅屋为秋风所破歌》这首诗中有很清楚的描写。而现在的草堂已经是旅游胜地，每天都有很多游客来到这里参观，感受诗人当年的生活。

杜甫画像

杜甫在草堂生活了四年，写了200多首诗，他离开成都后，草堂便荒废了。五代前蜀（907—925）时的诗人韦庄（836—910）找到了草堂的旧址，重新修建了茅屋，草堂才保存了下来，后来有两次大的重修，分别在1500年和1811年，

这两次维修基本确定了杜甫草堂的大小和面貌，把草堂变成了一个既有纪念祠堂风格，又有诗人旧居风貌的博物馆。今天的草堂大约占地 300 亩，基本结构和风格都和明清时一样，是中国规模最大、保存最完好也最具特色的杜甫居住地遗址，每年来这里参观的游客有一百多万人次。

杜甫草堂又叫浣花草堂、工部草堂、少陵草堂，位于成都市西边的浣花溪旁。现在的杜甫草堂博物馆大概分为以下三个部分：文物景点游览区（草堂旧址）、园林景点游览区（梅园）和服务区（草堂寺）。博物馆在草堂旧址内，在中轴线上分别排列着照壁（大门内外对着大门做屏蔽用的墙壁）、正门、大廨（古代官员办公的地方）、诗史堂、柴门等，加上流水、小桥、竹林等，环境幽静秀丽。草堂正门匾上的“草堂”二字是清代一位皇子题写的。进入杜甫草堂正门，过了石桥，是一个大厅，高大明亮。诗史堂是杜甫草堂中纪念性祠堂的中心建筑。诗史堂正中是杜甫的塑像，堂内有很多名人写的对联等。工部祠里有杜甫画像。工部祠东侧是“少陵草堂”碑亭，这是为了纪念杜甫的茅屋。工部祠后面是 1997 年按照杜甫诗歌的描写重新修建的“茅屋景区”，重现了诗人以前的生活场景。

草堂茅屋

杜甫草堂还有一条很有名的路就是“花径”，当年在杜甫的茅屋前，有一条两旁栽满花木的小径。今天的花径是连接杜甫草堂纪念建筑群与原草堂寺的

一条红墙夹道小路，花径尽头是“草堂影壁”。大雅堂内有国内面积最大的大型彩色壁画和 12 尊历代著名诗人雕塑，形象地展示了杜甫的生活。这里还有梅园，以前是一座私家花园。草堂旁边的浣花溪公园风景优美，非常适合朋友聚会。

杜甫在成都，在草堂，写了很多千古名句，有“两个黄鹂鸣翠柳，一行白鹭上青天”（《绝句》）的休闲，也有“晓看红湿处，花重锦官城”（《春夜喜雨》）的喜悦。现在每年农历正月初七都会在草堂举行“人日节”，非常热闹，有机会的话可以去看看。

小提示

➢ **杜甫草堂博物馆**

地址：成都市青羊区青华路 37 号。

开放时间：夏季 7:30—19:00，冬季 8:00—18:00。

门票：成人 60 元，学生 30 元。

交通：1. 公交：208 路、82 路、59 路、35 路、170 路、58 路、165 路公共汽车可到杜甫草堂站。

2. 地铁：可乘坐 4 号线在草堂北路下车，步行 990 米到达杜甫草堂。

微信公众号：杜甫草堂博物馆

官方微博：成都杜甫草堂博物馆

望江薛涛井

薛涛（768—832）是中国唐代非常有名的女诗人，小时候跟着父亲到了成都，然后就一直住在成都。薛涛住在成都时，和当时很多官员都有诗文来往。韦皋（746—805）在成都做节度使时，推荐薛涛做秘书省校书郎（类似于现代的机关工作人员），虽然由于某些原因薛涛没有就职，不过人们还是喜欢叫她“女校书”。

薛涛像

说到薛涛就一定要说到望江楼公园。望江楼公园在成都市九眼桥锦江的南岸，是成都市著名的旅游景点。它最初就是为了纪念薛涛而修建的，民国时改名为望江公园。走进公园，我们首先会看到一座很高的塔，这就是崇丽阁，是望江公园中最大最漂亮的建筑，高 39 米，名字来源于晋代文学家左思的一篇文章《蜀都赋》，其中一句“既丽且崇，实号成都”，因为崇丽阁就在锦江岸边，所以成都人都叫它“望江楼”。楼一共有 4 层，上两层为八角形，下两层为四方形。每层的屋脊上都有非常精美的泥塑和雕刻。古人可以在这里登高望远，现在也可以登上望江楼俯瞰锦江。

在崇丽阁的东侧是吟诗楼，是依据薛涛生前的吟诗楼而修建的，坐在吟诗

崇丽阁

楼里，可以想象薛涛以前在吟诗楼中写诗作画的样子。崇丽阁的南面就是薛涛井了，这口井自明代就有，以前叫“玉女津”，水非常清澈，周围有石栏，是明代蜀国藩王仿制薛涛笺（漂亮的信纸）的地方。传说薛涛就是用这口井的水来制作一种红色的信纸，即著名的“薛涛笺”。这种信纸非常漂亮，适合写诗、写信，很多著名的诗人都向薛涛索要这种信纸，现在去望江公园还可以买到“薛涛笺”。

看完了薛涛井再往前走，就可以看到一座汉白玉女子塑像，这就是薛涛塑像，于 1984 年建成，整个塑像处在清水和绿草的包围中。附近便是薛涛墓，于 1994 年建成，由墓碑、墓体、墓基平台组成，墓碑上面写着“唐女校书薛洪度墓”。

薛涛一生都很喜爱竹子，后人便在望江公园中种植了各种竹子。望江公园的另一大特色便是竹，公园里有 300 多种竹子，有的非常名贵，比如人面竹，就像一张张人的脸，还有鸡爪竹、凤尾竹、观音竹等，正因如此，望江公园又称“竹的公园”。

望江公园的园林区域是免费的，在这里可以喝茶、聊天、打麻将，成都人喜欢在锦江边享受悠闲的生活。

小提示

➢ **成都市望江楼公园**

地址：成都市武侯区望江路 30 号。

开放时间：文物区：8:00—18:00；

开放区：6:00—21:00。

门票：园内文物保护区门票 20 元，园林开放区免费。

交通：可乘坐 35 路、19 路公共汽车到望江公园站。

微信公众号：成都市望江楼公园

李劼人故居

李劼人（1891—1962），原名李家祥，中国现代著名文学家、翻译家、社会活动家、很有成就的报刊编辑、实业家，曾任成都市副市长。他出生在四川华阳，是土生土长的成都人。1912 年发表第一部作品《游园会》，1919 年去法国留学，翻译的作品有六百万字。他最有名的小说是《死水微澜》，这本书用四川方言向我们讲述了发生在成都天回镇的故事，很有四川乡土特色。这部小说和《暴风雨前》《大波》一起被称为“大河三部曲”。2011 年 9 月四川文艺出版社出版了《李劼人全集》（17 卷共 20 册，六百余万字）。人们对李劼人的评价很高，称他是“成都真正的历史家”和“川西民俗的百科全书”。

李劼人

1939 年春，李劼人在朋友的帮助下，在成都的沙河堡修建了几间茅草房，作为家人的固定住所。因为房子的前面有一方长着菱角的池塘，所以他将自己的住处取名为“菱窠”，意思是有菱角的住处。最初的“菱窠”是由土墙和草顶组成的房子，于 1957 年重新修建，将草顶换成小青瓦，阁楼也升高变成了一楼一底，楼上楼下都有走廊。楼上 4 间是藏书楼，藏书楼中存放了李劼人收

藏的4万多本中外文图书和一千多幅古今字画。新修后的菱窠占地4.95亩，院门向东，门楣上有茶色的楠木匾，上面的菱窠两个字是女书法家黄稚荃亲笔写的，门柱上有一副对联。主楼的前面大概50米的地方有一尊李劼人的半身雕塑，约一米高，基座上面刻有很多名人对他的评价。主楼后面是李劼人夫人杨叔捃的坟墓。

李劼人故居

1982年，成都市政府修复了李劼人故居。1987年6月，菱窠开始对外开放。1991年，菱窠中收藏的字画有近500件评为国家二、三级文物，被四川省政府公布为省级文物保护单位。1999年6月29日，菱窠修复半年后，重新开馆。我们可以利用周末去李劼人故居看看，了解一下这位四川作家的才华。

小提示

➢ **李劼人故居**

地址：成都市锦江区菱窠西路 70 号。

开放时间：9:00—17:00。

门票：免费。

交通：1. 公交：可乘 12 路、79 路、104 路、218 路、541 路公共汽车可到菱窠路站。

2. 地铁：乘坐 7 号线在狮子山站下车，步行 400 米可到达李劼人故居。

从慧园到巴金文学院

巴金（1904—2005），原名李尧棠，字芾甘，笔名王文慧、欧阳镜蓉等，四川成都人，是中国著名作家、翻译家、社会活动家，他于 1921 年从成都外语专门学校（今四川大学前身之一）肄业，1927 年到 1929 年去法国留学，1929 年开始文学创作。巴金一生写了很多作品，超过了千万字，其中比较有代表性的作品有“激流三部曲”（《家》《春》《秋》）和《随想录》等。

巴金塑像

现在介绍两个与巴金有关的地方。第一个是成都百花潭公园里面的慧园，这是根据巴金的小说《家》中描写的川西民宅设计修建的，占地约 26 亩。进入慧园，前院是牡丹厅和左右客房，后院是紫薇堂，前后院有走廊连接。院内有“巴金陈列馆”，展出巴金赠予“慧园”的藏品 55 件，书籍 87 本，手稿 80 页和书画 4 幅。2003 年巴金百岁生日时，这里举办了“世纪巴金展”，展览了 260 多张图片，慧园大门外就是慧园广场，正对大门的地方有一个高 3.2 米的巴金青铜像，广场上还有评价巴金的石碑。这些都是免费参观的。在慧园还可以喝茶吃饭。

第二个地方是龙泉驿区的巴金文学院。成立巴金文学院的目的是发现、培养青年作家，并为文学爱好者提供交流学习的场所。先后受聘于文学院的200多位中青年骨干作家，创作出版的长篇作品超过300部。文学院于2003年巴金百岁生日前正式建成。文学院呈四川民居风格，总建筑面积4500平方米，最主要的部分是巴金陈列馆。陈列馆中陈列着与巴金相关的作品、图片、实物等。整个文学院分为四个区，A区是展览楼，B区是会议大厅，C区是茶廊，D区是专家公寓。这里也是免费开放的，人们不但可以参观，还可以休闲放松，是一个很不错的去处。

巴金文学院

小提示

➢ **慧园**

地址：成都市青羊区一环路西二段 175 号（锦里西路）。

开放时间：全天开放。

门票：免费。

交通：1. 公交：乘坐 115 路、126 路、127 路、153 路、34A 路、35 路可到成都百花潭站。

2. 地铁：可乘坐 2 号线在通惠门下车，步行 540 米到达成都百花潭公园慧园。

微信公众号：成都市百花潭公园

➢ **巴金文学院**

地址：成都市龙泉驿区龙都南路 588 号。

开放时间：9:00—17:00。

门票：免费。

交通：1. 公交：可乘坐 223 路、218 路公共汽车到龙泉汽车客运总站，然后乘坐龙泉驿区 878 路、879 路、995 路公共汽车到公安分局站下车。

2. 地铁：乘坐 2 号线到达龙平路站，转乘 885 路，到达龙都医院站，步行 310 米到达巴金文学院。

实践任务

1. 参观杜甫草堂，说说下面这些雕塑是谁。

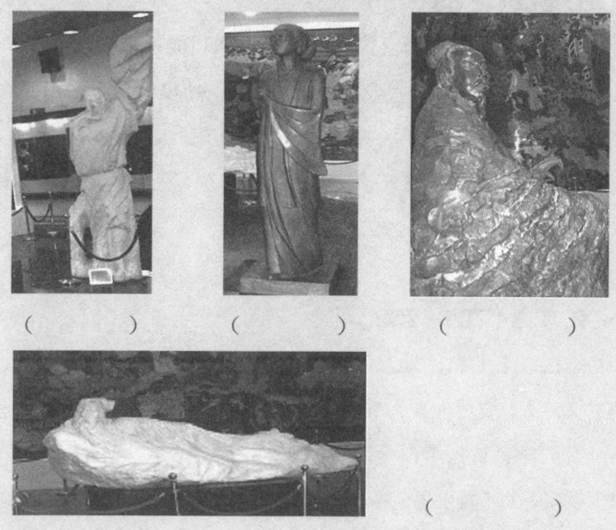

（　　　）　（　　　）　（　　　）

（　　　）

2. 现在的薛涛笺是什么样子的？有哪些颜色？请简单描述一下。

3. 李劼人故居大门的门柱上有一副对联，内容是什么？请查阅资料并向同学介绍一下这副对联的意思。

4. 参观巴金文学院，看看巴金的人生格言是什么？

延伸阅读

四川文学家

➢ 1. 扬雄（前53—18）

扬雄，字子云，西汉蜀郡成都（今四川成都郫县友爱镇）人，西汉著名的辞赋家。他十分崇拜司马相如，所以模仿司马相如的《子虚赋》《上林赋》写了《甘泉赋》《羽猎赋》，辞藻华丽。代表作还有《太玄》，继承和发展了汉朝道家的思想，除此之外还有一本《方言》，是中国古代第一本方言学专著。

➢ 2. 李白（701—762）

李白，字太白，号青莲居士，又号“谪仙人”，唐代伟大的浪漫主义诗人，被后人誉为“诗仙”。李白的家乡在哪里至今还有争议，不过有的学者认为李白是四川江油人。李白一生写了很多诗，代表作也很多，如《静夜思》等，和四川有关的诗歌有《峨眉山月歌》《登峨嵋山》，最有名的一首是描写蜀地道路艰险的《蜀道难》。李白的诗歌总体风格非常豪放，很有气势。诗歌内容丰富，既有描写时代繁荣景象的诗歌，也有揭露社会现实黑暗一面的诗歌。

3.“三苏”

“三苏”是指的北宋散文家苏洵（号老泉，字明允，1009—1066）和他的儿子苏轼（字子瞻，号东坡居士，世人称为苏东坡，1037—1101）、苏辙（字子由，自号颍滨遗老，1039—1112）。他们都是四川眉山人，为了纪念他们，四川眉山建有“三苏祠”。父子三人中苏轼的文学成就最高，也是宋代文学最高成就的代表。《水调歌头·明月几时有》《赤壁赋》《石钟山记》等作品都家喻户晓。

4. 郭沫若（1892—1978）

郭沫若，字鼎堂，号尚武，笔名沫若，四川乐山人，现代文学家、历史学家、新诗奠基人之一。郭沫若在很多方面都颇有成就，甲骨学方面有《甲骨文研究》等，诗歌有《凤凰涅槃》《女神》等，历史剧本有《屈原》《孔雀胆》等，还有诸多翻译作品等。

5. 马识途（1915—）

马识途，原名马千木，四川忠县（今重庆忠县）人，1935年开始发表作品，著有长篇小说《清江壮歌》《夜谭十记》《沧桑十年》，纪实文学《在地下》，短篇小说集《找红军》《马识途讽刺小说集》等。2010年，根据马识途的小说《夜谭十记·盗官记》改编的电影《让子弹飞》上映，受到观众广泛好评。2014年1月，马识途举办了书

法义展，作品售出230多万元，全部捐给了四川大学文学与新闻学院，为此，文学与新闻学院设立了“马识途文学奖”。

➢ 6. 流沙河（1931—）

流沙河，原名余勋坦，四川金堂人，中国当代诗人。诗歌代表作有《理想》《中秋》《就是那只蟋蟀》《我家》等。《Y先生语录》中收录了400则精美短文，堪称一绝。迄今为止，已出版小说、诗歌、诗论、散文、翻译小说、研究专著等著作22种。

➢ 7. 魏明伦（1941—）

魏明伦，四川自贡人，当代著名戏剧家、辞赋作家，被誉为巴蜀鬼才。1980年开始发表作品。1985年底《潘金莲》问世，在社会上引起了很大的争议和讨论。1993年，《中国公主杜兰朵》由北京京剧院带到意大利演出，获得了多项大奖。2013年，以魏明伦命名的“魏明伦文学馆”于2013年4月20日在中国博物馆小镇隆重开馆。

8. 刘心武（1942—）

刘心武，四川成都人，中国当代著名作家，红学研究家。1977年发表短篇小说《班主任》获首届全国优秀短篇小说奖第一名。长篇小说《钟鼓楼》获茅盾文学奖。20世纪90年代后，成为《红楼梦》的积极研究者，曾在中央电视台《百家讲坛》栏目开设系列讲座，对红学在民间的普及与发展起到促进作用。2014年推出长篇小说《飘窗》。

9. 翟永明（1955—）

翟永明，四川成都人。诗人。1981年开始发表诗作，是中国当代最优秀的女诗人之一。1984年，包括二十首抒情诗的大型组诗《女人》以独特的语言与特别的女性立场震撼了文坛，1986年，该组诗在《诗刊》社的“青春诗会”发表后，更是引发了巨大的轰动。翟永明的作品曾被翻译为英文、德文、日文、荷兰文等多国文字。已出版诗集《女人》《在一切玫瑰之上》《纽约，纽约以西》等和散文集10多部。荣获“中国十佳女诗人”“当今国际最伟大的诗人之一”等荣誉。

10. 阿来（1959—）

阿来，藏族，四川省马尔康人，当代著名作家，四川省作家协

会主席。2000 年，年仅 41 岁的阿来凭借长篇小说《尘埃落定》荣获第五届茅盾文学奖，成为茅盾文学奖史上最年轻的获奖者。阿来从小在四川藏区长大，他一直执着地书写他生活的地区。代表作有诗集《棱磨河》，小说集《旧年的血迹》《月光下的银匠》，长篇小说《尘埃落定》《空山》《格萨尔王》，散文《大地的阶梯》等。他创作的大部分小说故事背景大都在中原与西藏的过渡地带，对处于地理与文化过渡地带的藏区文明进行深描。他的代表作《尘埃落定》的创作思路、人物形象、创作方法、语言都受到藏族文化的深刻影响。

11. 洁尘（1967—）

洁尘，本名陈洁，四川成都人。著有散文随笔集《艳与寂》，散文集《私人版本》，美术随笔集《碎舞》等，电影随笔集《华丽转身》《暗地妖娆》。随笔集《提笔就老》，长篇小说《酒红冰蓝》，小说《中毒》。《酒红冰蓝》被改编为电视剧《我爱你，再见》，于 2005 年播出。

问道寻佛·成都的宗教文化

历史上，成都平原的宗教文化很繁荣。首先，中国本土宗教道教就创立于东汉时期成都大邑县的鹤鸣山。其次，成都的佛教文化传统很深厚。佛教在汉代传入成都，在隋唐时期有很大的发展，在当代有不少了解、学习佛学的人。其他宗教如伊斯兰教、天主教、基督教等在成都也都有自己的信徒。下面让我们走进成都著名的宗教圣地，去感受成都独特的宗教文化。

青羊宫

青羊宫位于成都市一环路西二段，被誉为“川西第一道观”，是中国西南地区历史最悠久、规模最大的一座道教宫观。青羊宫历史悠久，传说它和春秋时期道家学派创始人老子有关，人们认为老子转世后又降生于青羊宫。青羊宫现在是四川省道教协会、成都市道教协会所在地。

青羊宫内很多建筑是清代重建的。它的建筑设计和中国其他很多宫殿、寺庙的建筑一样，坐北朝南，有一条从南到北的中线，重要的建筑都建在这条中线上。青羊宫的主要建筑有山门（寺院的正大门）、灵祖殿、混元殿、八卦亭、三清殿，斗姥殿和唐王殿，其中特别吸引人的是八卦亭、三清殿和斗姥殿。

八卦亭是青羊宫中造型最精美的建筑。它精巧大方，分为上下两层，每层有八根木柱，每根柱子上都雕刻着一条龙。它的基座设计包含着道家的哲学思想。朝南的正门台阶上刻有一个显示八卦阴阳图形的太极图。八卦亭内有老子骑着青牛的塑像。

三清殿是青羊宫正殿，高大而庄严，供奉着道教的三清（即玉清、上清、太清）像，他们是道教中地位最高的三位尊神。三清殿大门前有一对铜青羊，

青羊宫八卦亭

可以说是青羊宫里最有名的宝物。大殿右侧的独角铜羊十分奇特，它拥有十二属相的特征，有羊胡、牛身、鸡眼、鼠耳、龙角、猴头、兔背、蛇尾、猪臀、狗肚、虎爪、马嘴。右侧铜羊为双角羊。传说摸青羊可以消除病痛，人身上哪里不舒服，只要摸摸青羊相应的部位，病痛就能消除。如今青羊已经被摸得铿亮，可见人们很喜欢它。

青羊宫铜青羊

三清殿后面是斗姥殿（“斗”表示北斗七星）。斗姥是道教信奉的一位女神，是众星之母，也是掌握着人间生死罪福的天神。斗姥殿是青羊宫现存的唯一一座明代建筑物。

青羊宫的东边是古老的“二仙庵”，现在那里是一个“老庄书院”，很多对道教感兴趣的人在那里学习道家武术和道教经典。

小提示

➢ **青羊宫**

地址：成都市一环路西二段 9 号。

开放时间：8:00—18:00（夏季至 18:30）。

门票：10 元（学生票 5 元）。

交通：可乘坐 11 路、19 路、27 路、34 路公交车至青羊宫站下。

青城山

青城山位于成都市以西的都江堰市内，距成都市区有68公里，距都江堰水利工程约10公里。青城山历史悠久，是中国道教发源地之一，也是中国四大道教名山之一。如今，青城山-都江堰已经被列入“世界文化遗产名录”。

因为青城山周围有很多山峰，如同一座青色的城，所以叫“青城山”。青城山最高主峰海拔1260米。一般大概用3个小时就能登上山顶，另外也可以坐缆车上山。

青城山上有几十座道教宫观，名胜古迹众多。从山脚到山顶，重要的道教建筑有建福宫、天师洞、祖师殿、上清宫和老君阁等。这些建筑使青城山成为一座立体的道教博物馆，其中最著名的是天师洞和上清宫。

天师洞是青城山的主要道教宫观，也是青城山道教协会所在地。它的正式名称是常道观。传说东汉时创立道教的张道陵天师曾经住在这个宫观后面的一个洞窟里，所以常道观又叫天师洞。它始建于隋朝，现有的建筑建于清朝末年。观内正殿为“三清殿”，供奉着道教的三清尊神。另外还有一个黄帝祠。天师的洞窟就在黄帝祠左侧，洞中有天师张道陵的石像，只有细心的游人才能找到那里。

青城山天师洞

传说张天师曾在天师洞讲经传道，那里还有一棵传说是张天师亲手种植的银杏，树龄算来已有 1800 余年。

上清宫离青城山的峰顶约 500 米，是青城山位置最高的宫观。上清宫始建于晋代，现存的建筑建于清代。宫内有老君殿、三清大殿等，整体布局很紧凑。上清宫留有很多名人的墨宝。著名的四川籍国画家张大千先生在上清宫一共住了四年，创作了一千多幅画，并自称“青城客”。穿过上清宫再往上走一段，就是老君阁，那里是观赏日出、云海很好的地点。

青城山上清宫

在攀登青城山的路途上，人们会看到很多供路人休息的亭子，它们虽然是人工建造的，但看起来如同大自然的一部分。亭子上都挂有名称和对联，读这些对联，会让人感受到浓浓的、回归自然的道家气息。

成都人对青城山有特别的感情。“青城天下幽”，很多成都人都喜欢在周末到青城山游览、休息。青城山除了有以道教建筑闻名的青城前山，还有因自然风光而出名的青城后山、青城外山。著名的“青城四绝”一般指洞天乳酒、青城茶、白果炖鸡和青城老腊肉，有机会的话一定要尝尝。

小提示

➢ **青城山**

地址：成都市都江堰市青城山镇。

开放时间：8:00—18:00。

门票：90 元（学生票 45 元）。

交通：1. 坐成都至青城山的城际动车直达青城山站，再步行至山门。

2. 从成都市茶店子汽车站或新南门汽车站坐汽车直达青城山。

3. 从成都市茶店子汽车站坐汽车到都江堰市再转车去青城山。

文殊院

在成都市区的北边，有一片用红墙围绕的古建筑，它虽处闹市，但却显得格外宁静，这就是文殊院。

文殊院是中国汉族地区佛教的重点寺院，始建于隋代。在清代，这座古寺被重新修建，并被称为“文殊院”。清代的康熙皇帝曾经专门书写了“空林”二字赠给这座寺院，所以文殊院又叫空林堂。文殊院现在是四川省佛教协会、成都市佛教协会所在地，也是空林佛学院所在地。

文殊院

文殊院坐北朝南，进入山门后，在中线上依次分布着天王殿、三大士殿、大雄宝殿、说法堂、藏经楼，两边有钟楼、鼓楼、玉佛殿、念佛堂等，是一个很对称的清代建筑群。

三大士殿供奉着观音菩萨、文殊菩萨和普贤菩萨的骑像，在佛教教义中，这三位菩萨被称为三大士，分别象征着慈悲、智慧与行愿（实践自己的愿望）。大雄宝殿是文殊院的正大殿，中央供奉着释迦牟尼佛的铜坐像，两边立着他的两位弟子。玉佛殿则供奉着一尊缅甸玉佛，是文殊院的一位僧人在1922年历尽艰辛，步行到缅甸请回的。文殊院内总共有不同时代、不同材质的佛像300余尊，它们具有很高的艺术价值和文物价值。

文殊院收藏的文物众多，它们大多收藏在藏经楼里，最著名的就是康熙皇帝赐给文殊院的“空林”墨迹，此外，还有印度贝叶经、唐代玄奘法师的头骨舍利等。

文殊院千佛和平塔

文殊院于 1988 年新建了一座千佛和平塔，它位于文殊院中心建筑群的东侧，表达了佛教祈求和平的心愿。在千佛和平塔的东、西、北三面，环绕着一条长廊，称为“碑廊”，里面有很多石碑，上面刻着各界名人赠送给文殊院的话语，可见这座佛教寺院很有影响力。

文殊院的园林区十分幽静，适合人们沉思、散步。文殊院内还有茶社和素餐厅，很受民众的喜爱。

近年来，文殊院利用各种方式丰富人们的佛教知识。1997 年，在文殊院中轴线的最后端，建成了文殊阁，里面有“空林讲堂”“空林佛教图书馆”。如今，文殊院还为人们提供体验寺院生活的机会，普通民众通过报名就可以在寺院里住上两三天，亲身感受一下佛教徒的生活方式。

在佛教中，文殊菩萨是智慧的象征，因此，在寻求人生智慧的人的心中，文殊院具有很高的地位。

小提示

➢ **文殊院**

地址：成都市青羊区文殊院街 15 号。

开放时间：8:00—18:00。

门票：免费。

交通：1. 地铁：乘坐地铁 1 号线至文殊院站下。

2. 公交：16 路、55 路等公交车可至文殊院站。

网址：http://www.konglin.org

微信公众号：成都文殊院

宝光寺

宝光寺位于成都市新都区内，是中国汉地佛教的重点寺院，历史悠久，收藏的文物极其丰富。在清代，它与成都文殊院同被列为中国南方“四大佛教丛林”（丛林为佛教术语，指有很多僧人聚居的寺院）。

传说宝光寺始建于东汉时期，在唐宋时期非常兴旺。明代末年，宝光寺大部分被毁。清代初年，宝光寺开始重建，并发展至今。

宝光寺的整体结构可以说是“一塔、五殿、十六院”。中线上有山门殿、天王殿、舍利塔、七佛殿、大雄宝殿、藏经楼，两旁有钟楼、鼓楼，还有客堂、罗汉堂等庭院，也是一个很对称的清代建筑群。

宝光寺的舍利塔有许多特别之处。舍利塔是存放舍利子的塔。舍利子是指佛陀或高僧火化后留下的珠状物体。宝光寺的舍利塔建于唐代，它的位置在寺院的中心，这是中国早期佛寺的布局特点，而在后来修建的寺庙中，塔一般建在寺院的后侧。宝光寺舍利塔是四面方塔，高 30 米，共 13 层，每层每面都有佛像，底层有释迦牟尼佛的坐像，表达了人们对佛祖的崇敬之情。

宝光寺舍利塔

宝光寺除了以舍利塔闻名以外，还有一座著名的“罗汉堂”。一般来说，只有比较大型的寺院才有罗汉堂。宝光寺罗汉堂位于大雄宝殿东侧，建于1851年，共有塑像577尊。罗汉堂内的过道曲曲折折，如同一座迷宫。其实，整个罗汉堂内部是田字形，分为四部分，中间有一尊千手千眼观音。宝光寺罗汉堂里的罗汉像贴近现实生活，表情生动，姿态服装各不相同，是珍贵的泥塑艺术品。

很多参观宝光寺的人都会去罗汉堂数罗汉。这是一种古老的习俗，一种方法是从进门开始数，若是左脚先踏进门，便从左边的罗汉像开始数，如果是右脚先进门，便从右边开始，数到与自己年龄数字相同的那尊罗汉，然后就可以根据它的外表来判断自己这一年是否有福。另一种数罗汉的方法是从任意一尊罗汉开始，男往左边数，女往右边数，数到跟自己虚岁年龄数字一致的那尊罗汉。

宝光寺罗汉堂

宝光寺收藏的文物非常丰富，有皇帝专门赐给宝光寺的，也有寺里的僧人去国外时得到的，还有很多书画家的珍贵作品。为了让更多的人欣赏到这些物品，宝光寺专门开设了“文物精品馆”。

宝光寺的殿堂后面有一片很大的园林，寺内还可品尝到素餐。另外，宝光寺离新都另一处名胜古迹——桂湖公园很近。如果去了宝光寺，可别错过旁边的桂湖公园。

小提示

➢ **宝光寺**

地址：成都市新都区宝光街81号。

开放时间：8:00—17:00 。

门票：5元（文物精品馆门票30元）。

交通：1. 公交：从成都五块石客运站乘坐651路公交车到宝光寺站。

2、地铁：可乘坐地铁3号线至军区总医院站，再换乘650路公交车前往。

网址：http://www.baoguangsi.org/

微信公众号：新都宝光寺

延伸阅读

成都地区其他宗教场所（部分）

➢ 佛教寺院

大慈寺	成都市锦江区大慈寺路 1 号
昭觉寺	成都市成华区昭青路 333 号
石经寺	成都龙泉驿区茶店乡石经村
爱道堂	成都市通顺桥街 34 号
观音寺	成都市新津县永商镇九莲山麓
龙兴寺	成都市彭州市城北口

➢ 道观

鹤鸣山道观	成都市大邑县鹤鸣山

➢ 清真寺

成都皇城清真寺	成都市小河街 2 号
成都市鼓楼清真寺	成都市鼓楼南街 115 号

➢ **基督教堂**

成都市基督教上翔堂　　青羊区顺城大街 219 号

成都市基督教恩光堂　　锦江区四圣祠北街 17 号

➢ **天主教堂**

平安桥天主教堂　　成都市西华门街 25 号

正东街天主堂　　崇州市城区正东街 134 号

➢ **实践任务**

1. 在青羊宫内寻找下列三张照片拍摄的地方，并说明其意义。

2. 这尊塑像在文殊院的什么地方？这一动物雕像叫什么名字？为什么很多游人都要摸它？

3. 在宝光寺罗汉堂数一数罗汉，看看自己的年龄（虚岁）对应着哪尊罗汉像，并介绍那尊罗汉像的名称。

4. 宝光寺弥勒殿有一副很有名的楹联。找一找，读一读，理解其中的意思。

走进成都

ZOUJIN CHENGDU

第三单元

第三单元

麻辣鲜香 · 成都的美食

常言道："食在中国，味在四川。"作为中国传统的四大菜系之一，川菜在中国烹饪史上占据着非常重要的位置。

川菜为什么这么有名？一方面，因为四川气候温和，雨量充足，拥有优越的自然环境、充足的动植物资源，这些都为川菜提供了丰富的食材；另一方面，川菜以"味"出名，每道菜都有自己的风味，无法替代。当然，"麻辣"是川菜最大的特点。同时，多种多样的烹饪方法，也使川菜具备了东西南北各方特点，成为最受老百姓欢迎的菜系，被人们称为"百姓菜"。

作为四川省会，成都汇聚了各路川菜以及全球各地美食，其兼容并蓄的美食风范吸引着无数食客前来享受。成都因此也被联合国教科文组织授予"美食之都"的荣誉称号。在成都的大街小巷，你能吃到最地道的川菜。吃的同时，你也可以体验到真正的四川饮食文化。现在，就让我们一起走进川菜的世界吧。

川菜汇总

按照不同的"个性"，川菜被四川人划分成了上河帮、小河帮、下河帮三个主要流派。四川人把以成都和绵阳为中心的"蓉派川菜"称作"上河帮"。这一帮派的特点是调味丰富，口味相对清淡；做法多依照传统菜谱，虽然品种比较传统，但是菜品精致，集中了川菜中的宫廷菜、公馆菜等高档菜。"开水白菜"就是其中的高级清汤菜。此外，香橙虫草鸭、醪糟、红烧肉、麻婆豆腐、回锅肉、宫保鸡丁、夫妻肺片、咸烧白等，都是"上河帮"的代表菜式。

上河帮的小吃是川菜的重要组成部分，分为泡菜、凉粉、红薯粉（如酸辣粉、肥肠粉）、豆花、面食（如担担面、红油水饺、清汤抄手）等系列。小吃制作精细，融合了酸、甜、麻、辣各种口味。上河帮流派的火锅主要分为白锅、红锅、鸳鸯锅。

川北凉粉

川菜里的第二大派系是小河帮，以自贡“盐帮菜”为代表。在四川，盐是最重要的调味品，而自贡大量生产井盐，因此自贡菜道道有盐有味，民间更有“吃在四川，味在自贡”的说法。如果来成都，水煮牛肉是你一定要吃的菜，“水煮”这种做法，就来自小河帮，并且成就了不少水煮名菜。在牛肉系列中，火鞭子牛肉（这是一种被放在火的边缘，经文火烤制而成的牛肉）也是自贡一绝。这道菜的特色是牛肉薄得像一张纸，味道香脆，适合一边喝酒一边品尝。此外，冷吃兔、鲜锅兔、跳水蛙个个香辣，美不可言。除了盐帮菜，内江的球溪河鲶鱼系列也很有名，宜宾则是冷锅鱼、兔火锅的发源地。

火鞭子牛肉

自古巴蜀是一家，巴文化的代表——重庆菜为川菜贡献了无数美味，人们也把以重庆菜为代表的菜系称作“下河帮”。人们常用“土”“粗”“杂”来概括重庆菜的特点。“土”指的是菜的乡土气息，例如著名的来凤鱼、辣子鸡都来自乡村小饭馆，酸菜鱼的历史可以追溯到20世纪30年代的江边渔船。“粗”是指重庆菜大方粗犷，即做菜时大把地撒辣椒、花椒，用粗碗、大盘装汤。“杂”体现在烹饪手法上——人们常常混用多种做菜方法，例如抄手鱼头这道菜，师傅先用花鲢鱼的鱼头熬汤调味，然后加入抄手，菜里有鱼头有抄手，风格奇怪，但是味道却鲜美无比。

在全球化背景下，川菜兼容并蓄的特色得到了很大的发挥，进而吸收了各地不同的烹饪方法和食用方式，例如与粤菜的有机结合，用烹饪粤菜的食材创造“新式川菜”，与传统相比，新式川菜口味没有那么刺激，而营养价值丰富。要想知道具体“新”在那儿，不妨和亲朋好友相约一起去餐厅里试试吧。

特色川菜

下面这几道特色川菜是你来成都一定要尝尝的。

麻婆豆腐

来了成都，麻婆豆腐是你一定要品尝的菜。大约在清代同治年间，成都万福桥边“陈兴盛饭铺”的老板娘陈刘氏发明了这道菜。因为陈刘氏脸上有麻子，人称“陈麻婆”，所以她的豆腐店就叫作“陈麻婆豆腐”，现在已经是成都最有名的饭店之一了。

四川人常常用“麻”“辣”“烫”“香”“酥”“嫩”“鲜”“活”八字来概括麻婆豆腐的特点。举例来说，“麻”是指豆腐上的花椒散发出来的麻味；人们把辣椒与豆瓣一起放入油中炒熟，最后与豆腐烧烩，味道便又香又辣；“酥”指的是麻婆豆腐中的配料——牛肉末很酥软；口感上，麻婆豆腐则又嫩又鲜。

麻婆豆腐

夫妻肺片

20 世纪 30 年代，一对年轻夫妻在成都金河街一中学门口摆起了小吃摊，卖的都是牛身上的“废料”——牛肚、牛肠等。可是，经过夫妻俩用精心配制的调料凉拌以后，这些“废料”颜色红亮，肉质软嫩，口味麻辣浓香，吸引了不少“吃客”，一些调皮的学生便将写有“夫妻废片”的纸条贴在这对夫妻的背上或者担子上。一次，出于对小吃的喜爱，一位客人给夫妻俩送来一个金字招牌，上边写着“夫妻肺片”。“夫妻肺片”从此非常有名，成为四川人必不可少的下酒菜。

夫妻肺片

回锅肉

回锅肉是一道四川人都会做的名菜，一直被认为是“川菜之王”。所谓“回锅”，就是“再次烹调”的意思；做回锅肉时，需要先把五花肉煮熟，然后切片，重新“回锅”，炒至肉片泛金黄色光泽后，迅速加上豆瓣、甜酱、酱油、蒜苗（或者青椒）继续翻炒，最后收汁起锅。一盘成功的回锅肉一定颜色红亮，肥而不腻；用回锅肉下米饭，再加上一碟四川泡菜，让人回味无穷。传说回锅肉是从前四川人大年初一和元宵改善生活的当家菜，虽然现在它已经是一道普通的家常菜，可是对于漂泊异乡的四川人来说，能吃到地道的回锅肉，就像回到了四川老家一样，会感到非常亲切。

回锅肉

宫保鸡丁

在四川，关于“宫保鸡丁”的民间传说很多，并且都跟清朝四川总督丁宝桢（1820—1886）有关。据说丁宝桢对烹饪很有研究，喜欢吃鸡和花生，而且特别爱吃辣椒。他在四川当官时发明了一道把鸡丁、红椒、花生爆炒的菜，这道菜被人们大力推广；又因为“宫保”是丁宝桢的荣誉官衔，为了纪念他，后人便把这道菜称为“宫保鸡丁”。宫保鸡丁是以鲜嫩的鸡肉为主料，加上花生、黄瓜、辣椒等辅料烹制而成，颜色红绿相间，香辣味浓，是海内外中餐馆的主打菜，受到中外食客的普遍欢迎，在国外成为中国菜的代名词之一。

宫保鸡丁

水煮牛肉

水煮牛肉由自贡一位非常有名的厨师范吉安创制，因为菜中的牛肉片不是用油炒熟，而是在辣味汤中煮熟的，所以叫作“水煮”。相传北宋时期，当老牛不能劳动以后，自贡的盐工便把牛杀了，取肉切片，放在盐水里，加上花椒、辣椒煮食，因为肉嫩味鲜，这道菜深受老百姓的喜爱。水煮牛肉白、红、绿、黄四种颜色互相映衬，味道香浓，具有四川火锅麻、辣、烫的风味，在秋冬两季食用，口感更好。经过代代厨师的不断创新，又出现了水煮肉片、水煮鱼、水煮鸡等一系列名菜。

水煮牛肉

鱼香肉丝

鱼香是川菜的经典口味之一，主要用糖和醋来调味，以酸甜味为主。鱼香肉丝的历史可以追溯到三国末期。魏国消灭蜀国后，鱼香肉丝便进入了中原。抗战时期，蒋介石的厨师在鱼香肉丝中加入了浙江元素，成就了现代版鱼香肉丝。鱼香肉丝的主料是猪肉，辅料是泡椒，人们也常常加入黑木耳、笋子、胡萝卜等一起炒。鱼香肉丝颜色鲜艳；从味觉上来说，酸甜咸辣都有，葱姜蒜味浓郁，给吃惯了麻辣味的食客带来完全不一样的感受。

鱼香肉丝

除了上面介绍的几个最著名的川菜以外，在成都大大小小的餐馆里，你还能吃到各式各样的菜肴与小吃，口味丰富多样——有麻辣味、酸辣味、鱼香味、椒麻味，甚至陈皮味、怪味。可以说，川菜体现了四川人丰富的想象力。

火锅和串串

成都是一座让人来了就不愿意离开的城市。火锅和串串也是很多人爱上成都的原因之一。“火锅”一词既是炊具的名称，又是一种烹调方法。四川火锅的出现，大概是在清代道光年间，发源于酒城泸州的小米滩。原始的火锅只有一个瓦罐，里边放着水（或者汤），加上各种蔬菜、辣椒、花椒等。

伴随时代的发展，无论是在食材上还是烹饪方法上，火锅都发生了巨大的变化。正宗的毛肚火锅因“厚味重油”出名，食材以毛肚为主，还有牛肝、牛心、牛舌、蒜苗等；火锅的汤汁由豆瓣、豆豉、花椒配制而成。在毛肚火锅的基础上，人们选择食材的时候更加大胆。目前菜品发展到了几百种，几乎包括了所有可以吃的东西，还出现了全牛锅、鱼头锅、鸡火锅……火锅汤也由传统的红汤发展到红白汤、海鲜汤、酸辣汤等，再加上不断创新的调料，不同风格的火锅吸引了大批国内外食客。

与一般的中餐不同，吃火锅时，服务员能帮忙的地方很少，大部分时候需要自己动手。涮”和“煮”是两种基本方法。“涮”的时候要把食料夹好，在锅中烫熟；“煮”就是把食料放入锅中煮熟。吃火锅时，把菜全部放入汤汁；如果觉得火锅太辣了，可以点一杯茶，换换口味，减轻麻辣的程度。

火锅

串串是四川地区最有名的小吃之一。因为食物被串在细长的竹签上，所以叫串串。串串的口感与火锅相似，又麻又辣，所以人们又称它为“麻辣烫”或者“小火锅”。

串串香最早出现在20世纪80年代中期的商场、电影院、录像厅，甚至学校旁边，小贩用竹签串上各种食物，在卤锅中烫熟，再蘸上麻辣调料，足以让人们大饱口福。因为价廉物美，串串香受到大家的喜爱，迅速在四川流行起来。

串串

出于对串串的热爱，人们不断地开发着新的口味。串串的种类越来越多，从海鲜、河鲜到各种家禽，可以说是想吃什么，就有什么。串串是越辣越好吃，所以锅底的汤料就非常重要，新派串串以红汤（麻辣）、白汤（骨汤）、清汤、海鲜汤四种底汤为特色，不仅在味道上足够丰富，而且也有一定的营养价值。

“苍蝇馆子”和小吃一条街

成都人喜欢把味道不错，但是卫生环境不太好的小餐馆叫作“苍蝇馆子”，价廉物美是这类饭馆最大的特点。这个昵称非常准确：一是因为馆子的环境往往比较简陋，有苍蝇出没；二则是成都人嗅觉灵敏、行动迅速，不管好吃的饭馆有多么难找，他们都一定能找到。

成都人对苍蝇馆子有一种特殊的情结。在小得只能摆下几张桌子的馆子里，几个亲朋好友围着圆桌，一边吃着回锅肉、宫保鸡丁、红烧肉，一边聊着自己的生活近况。应该说，在苍蝇馆子，享受的不仅是家常菜的美味，还有亲情和友情。不管你是骑自行车还是开豪华轿车，坐在苍蝇馆子里，人人都变得简单而快乐。

明婷饭店

明婷饭店被称为成都“最牛的苍蝇馆子”。明婷饭店坐落在外曹家巷菜市场内，特色菜包括炝香鱼、荷叶熏肉等。虽然近几年来菜价略有上涨，但是味道还是那么好，分量还是那么大，所以仍然是很多食客的首选。

在成都，苍蝇馆子零散地分布在大街小巷上，要吃到还挺难。可是聪明的成都人设计了一条公交路线，把14家最出名的苍蝇馆子巧妙地串在了一起。如果想吃最地道的川菜，就搭上这条路线上独一无二的154路公交车吧，你可以选择在不同的站点停留，去明婷饭店吃炒菜，去雨田饭店吃烧菜，在华兴煎蛋面馆吃面……人们也把154路亲切地称为“开往成都苍蝇馆子的美食公交”。除了“美食公交”，自2010年地铁1号线开通后，爱吃的成都人就设计了一张“地铁美食地图”，号称走出地铁站五分钟就能吃到美味的川菜。

除了大大小小的苍蝇馆子，成都还有一些“小吃一条街”。除了我们在“玩遍成都”一节专门介绍的锦里外，在望平街上有一条不起眼的小巷却在成都“好吃嘴”心中有着很高的地位，这就是“香香巷”。“香香巷”的巷口不超过20米，总长度也不超过100米，但却是“不可貌相”的著名美食汇聚地。在这条号称“混搭风美食地标”的巷子里，既有传统的老重庆火锅、四川干锅、以香辣著

称的自贡菜，又有符合年轻人口味的文艺火锅店、甜品店、分量十足的韩国烧烤，以及别致的西餐、泰餐等。正是因为巷子浅，美食的味道便也藏不住了，一踏进这袖珍小巷，香味便迎面而来。因此，在这里暖暖和和地吃上一顿，享受地道的成都生活，已经成为成都人和越来越多外地游客的不二选择。

香香巷

小提示

成都著名的小吃街

➢ **锦里小吃一条街**

地址：成都市武侯祠大街 231 号。

交通：可乘 256 路公交车，再转地铁 3 号线至高升桥下。

➢ **宽窄巷子美食街**

地址：成都市青羊区金河路口宽窄巷子。

交通：可乘 1107 路公交车，再转地铁 2 号线至人民公园下。

➢ **文殊坊美食街**

地址：成都市青羊区文殊院街。

交通：可乘 3 路公交车达到，或乘地铁 2 号线，再转地铁 1 号线至文殊院站下。

➢ **一品天下美食街**

地址：成都市金牛区一品天下大街。

交通：可乘 1107 路公交车，再转地铁 2 号线至一品天下站下。

➢ 香香巷小吃街

地址：成都市望平街 25 号。

交通：乘 3 路公交车可达。

➢ 实践任务

1. 跟同学讨论：下面的川菜分别是什么？是用什么食材制作的？然后到成都一家餐馆或者一条小吃街，找到这些菜品，问问服务员，看他们能不能告诉你答案。

三到五人一组，合作做两到三道川菜，带到班上与大家一起品尝，并向全班简要地汇报自己做菜的主要程序以及个人心得，比较川菜与家乡菜的异同。

2. 参观川菜博物馆

川菜博物馆地址：成都市郫都区（原郫县）古城镇。

延伸阅读

成都的小吃

➢ 糖油果子

糖油果子和荞面、肥肠粉并称“青石桥三绝”。糖油果子以糯米、红糖、芝麻为原料，把糯米粉团起来后，人们将其放入油中炸至金黄，然后裹上白芝麻用竹签串起来。每颗糖油果子呈棕红色，浑圆光亮，闻起来有焦糖香味，咬下去皮脆内软，十分美味。

糖油果子在一千多年前的宋代就出现了，并且成为人们欣赏花会的最佳零食。很多人会拿着用竹签串起的糖油果子边走边吃，赏花看灯，从而形成了花会上的一道别致景观。这种习惯一直延续到现在，糖油果子依然是花会、庙会、灯会上的“常客”，一边吃着香脆的糖油果子，一边赏花、猜灯谜，让人感到其乐无穷。

➢ 肥肠粉与军屯锅魁

作为青石桥一绝，肥肠粉是成都众多地方传统名小吃中最有特色的品种之一。肥肠粉的主要食材是红薯粉，配有肥肠、菜籽油、干红辣椒、花椒等。肥肠粉麻辣鲜爽、色红味美，搭配上特色的肥肠后香而不腻，让人大快朵颐。

很多四川人喜欢一边吃肥肠粉，一边吃锅魁。在各种锅魁中，属军屯锅魁的名气最大。军屯锅魁又叫“酥油千层饼”，是四川成都彭州军乐镇（原名“军屯镇”）的传统小吃。军屯锅魁拥有悠久的历史和独特的味道，以香、酥、脆、细嫩化渣而名扬川西。

➢ 蛋烘糕

成都著名的传统小吃蛋烘糕始于清代。道光年间，成都石室书院（现成都石室中学）旁一位老人从小孩办“家家酒”的游戏中得到启发，用鸡蛋、发酵后的面粉加适量红糖调匀，在平锅上烘煎而成。因吃起来酥嫩爽口，口感特别好，逐渐成为四川名小吃。如今，蛋烘糕的口味已经变得非常丰富，馅儿有牛肉、猪肉、椒麻鸡、榨菜肉末、芽菜肉末、芝麻、蜜枣、葡萄干、肉松等多种类型。

➢ 叶儿粑

叶儿粑是川西地区农家清明节、川南春节的传统食品。叶儿粑在不同的地区有不同的叫法和特点。川南宜宾、泸州等地也称其为猪儿粑。

叶儿粑选料考究，工艺精细，具有色绿形美、细软爽口的特点，为四川名小吃之一。制作叶儿粑时，人们用糯米粉面包甜馅心或鲜肉咸馅心，然后包裹于荷叶之中，放于大火上蒸。尝起来清香滋润，醇甜爽口，荷香味浓。

蜀地蜀景 · 成都的风光

成都一直以“天府之国”的美名著称于世，既拥有优美的自然景色，又因为承载着三千多年的历史，形成了独特的人文环境。如果你喜欢历史，游览都江堰、青城山，以及市区内的武侯祠、杜甫草堂，都是很不错的选择；如果你对成都的民俗文化感兴趣，那么就去锦里、宽窄巷子，在这里，你会看到各种各样的老式建筑，体验到原汁原味的成都文化。当然，对于很多外国人来说，熊猫是成都最大牌的“明星”，在成都大熊猫基地，游客更是可以与熊猫“亲密接触”。

不论是千年的历史遗迹，还是充满时尚气息的商业中心、购物广场，都体现了成都的文化特色。下面我们就推荐一些在成都绝对不能错过的景点。

天府广场

天府广场位于成都的心脏地带，是中国西部最大的城市中心广场，也是成都的经济、文化与商业中心。

天府广场

天府广场的原址是成都皇城，那是一座经历了无数历史变迁的建筑群。不过，从20世纪50年代开始，皇城不断地被改造，最终在60年代末彻底消失，取而代之的便是现在的天府广场。

从空中鸟瞰广场，你会发现这是一个巨大的八卦图。八卦的中部曲线将广场分成两部分，东广场是一个下沉式广场，这是地铁一号线天府广场站的所在地。设计师巧妙地用“书”的造型将地铁左右相对的出入口连接了起来，充满了浓厚的书卷色彩。东西广场各有一处雕塑，它们同时也是喷泉，代表着黄河文化与长江文化。广场的中心则是太阳神鸟图案——这正是古蜀文明的象征。在广场四周，修筑了十二根文化图腾柱，设计上都巧妙地融合了金沙文明与三星堆文明等元素，让游人感受到强烈的古蜀文明气息。

在天府广场周围，分布着四川美术馆、四川科技馆、四川省图书馆、成都市博物馆、锦城艺术宫等建筑，形成了一个文化圈，是博物馆迷、科技迷、书迷以及戏剧迷聚会交流的重要场所。天府广场也是购物天堂，充满了强烈的时尚气息——仁和春天、远东百货等购物中心，共同构成了成都最繁华商圈。如果有空，傍晚来天府广场走一走，跟成都人聊聊天，看看迷人的夜景，是放松身心的不错选择。

小提示

➢ **天府广场**

交通：乘坐地铁1号线、2号线可以直接到达。

锦里和宽窄巷子

根据四川的民间传说，锦里曾经是西蜀（406—413）历史上最古老、最商业化的街道之一。依托于武侯祠博览馆的新锦里在2004年正式迎接各方游客，“逛武侯，泡锦里”成为成都旅游最有号召力的口号之一。

现在的锦里，可以说是成都生活的缩影，从中你能强烈地感受到历史与休闲文化和谐共处的美妙氛围。锦里古街很短，仅550米，但是你能看到各种明末清初的川西民居，散布于街道两边的茶楼、酒楼、客栈、戏台，好像一下子把人带入了300多年前的老四川，川西民俗生活的繁华气息迎面而来。三国文化也是锦里的一大特色，在街道两旁的小摊上、商店里，以三国为主题的手工艺品应有尽有，各种三国人物雕像、剪纸、脸谱让人爱不释手；路过张飞牛肉店时，打扮成“黑脸张飞”的服务员常会热情地邀你进店里坐一坐，品尝地道的四川牛肉。如果你喜欢喝酒，在锦里的酒吧坐一坐，也很有意思。与亲朋好友坐在老房子酒吧里，喝着酒，听着音乐，打着四川麻将，整个身心都可以彻底放松下来。要是遇到节日，古街就更热闹了。

锦里古街

除了古街所在的锦里一区以外，名为“水岸锦里”的二区也在2009年开门迎客，整个景区以水为主题，展现了川西小桥流水的风情。这里汇集了更多

个性鲜明的手工艺商店、酒吧、茶楼、咖啡馆。当然，到锦里来玩，美食一条街也一定不能错过。

宽窄巷子位于成都市区西部，始建于清朝末年，与大慈寺、文殊院一起并称为成都三大历史文化名城保护街区。宽窄巷子主要包括宽巷子、窄巷子、井巷子以及45个带有清朝末年民国初期风格的四合院群落，那里曾经保留了极具北方特色的胡同与四合院，是满族人居住的地方。但是，由于很多房子年久失修，已经不再能满足人们的生活需求，于是，从2003年开始，成都市政府开始了对宽窄巷子的改造。

宽窄巷子

2008年，百年老街宽窄巷子以崭新的面貌出现在人们面前。虽然是三条紧邻的街道，但是风味却很不一样。宽巷子代表了老成都的“闲”，这里有不同风格的茶馆、烧烤店、书吧供人们休闲娱乐。窄巷子代表了老成都的“慢”，巷子两边的老式院落大门紧闭，鲜花开在院墙上，让游人忍不住放慢脚步欣赏。著名的白夜酒吧就在窄巷子里，无论是白天还是黑夜，在那里坐一坐，都是一种享受。最狭小的井巷子代表了成都人的“新生活”。与宽窄巷子的古香古色不同，井巷子“洋味十足”。小洋楼广场是这里最具特色的建筑，传说法式洋楼以前是一个大户人家的别墅，现在则变成一家咖啡馆。每到节日，广场上还会有充满异国风情的演出，极为热闹。

老成都的市井文化与时尚的氛围构成了宽窄巷子独特的魅力，吸引了成千上万的游客。宽窄巷子正是成都这座城市的缩影，成为游人了解成都的窗口。

铁像寺水街

铁像寺水街坐落于高科技产业密布的高新区天府新城，紧邻百年古寺铁像寺。这块街区沿南北流向的肖家河而建，以流水为主要脉络，巧妙地串联了沿岸的街巷院落、古树广场、老戏台、荷花池塘、茶馆等形态丰富的地点，而高升桥、洗面桥、驷马桥、万福桥、万里桥等一系列与古蜀历史文化典故有关的地名也在街区一一重现，营造出浓厚的老成都文化氛围。铁像寺位于水街的尽头，寺庙建址于明万历十八年（1590 年）间，因挖掘到铁铸的释迦牟尼像而建寺加以供奉。进入寺庙，人们很快就会为这里清静、安宁的环境所折服，如果来得早，还能听到阵阵诵经声，这对于久居繁华都市的人们来说实在难得。要是想暂时逃离都市的喧嚣，来寺庙里走一走，保持内心的片刻宁静，这里一定是绝佳的选择。

铁像寺水街

铁像寺水街不仅拥有古老传统的文化、健康的绿色环境，而且还拥有丰富多彩的当代商业文化元素。水街上零零散散地分布着书店、轻食餐厅、咖啡馆、中餐厅、西餐厅，还有文艺青年钟爱的各种礼品小店。在休闲的下午，走进一家书店或茶铺，一边读书，一边品茶，或者抿一口香浓的咖啡，成为越来越多文艺青年钟爱的生活方式。

坐落于高楼大厦之间的铁像寺水街小而精致，既有古老的铁像寺坐镇，又有当代文化的完美融合。如果想让繁忙的身心得到休息，这里绝对是一个很好的选择。

小提示

➤ **锦里**

地址：四川省成都市武侯区武侯祠大街231号。

开放时间：全天开放。

门票：免费。

交通：可乘公交1路、57路、304路、306路、335路等到达锦里。

➤ **宽窄巷子**

地址：成都市青羊区同仁路以东长顺街以西。

开放时间：全天开放。

门票：免费。

交通：可乘62路、70路、93路、163路、340路等公交车到达宽窄巷子。

➤ **铁像寺水街**

地址：成都市武侯区铁像寺路88号。

门票：免费。

交通：先乘坐地铁3号线，在省体育馆下车，再坐地铁1号线，在世纪城下车，在天府2街乘坐203b路可以到达。

熊猫基地

对于很多外地人、外国人来说，当问到他们对成都的印象时，很多人都会说“这里有可爱的大熊猫”。“国宝”大熊猫，这一在地球上已经生存了800多万年的“活化石”，早已成为成都最著名的形象代言人。

那么，去哪儿看大熊猫呢？当然是大熊猫繁育研究基地。这里拥有国内最多的圈养大熊猫，它们年龄大小不同，憨态可掬。

大熊猫繁育研究基地

熊猫基地一共圈养了80多只大熊猫，个个有名有姓，其中还有不少出过国的明星熊猫。它们在别墅区都有独立的大房间，真的是享受“国宝待遇”。不过，这些别墅只有在夏天才会开门，因为大熊猫非常怕热，夏天它们大都不会到室外活动。除了别墅外，基地还为熊猫妈妈提供了专门的产房，运气好的时候，你可以在这儿看到刚出生的大熊猫幼崽。

春天和秋天是大熊猫最爱外出的季节，在院子里，它们或懒散地趴在平台上，享受温暖的阳光，或以高难度造型悬挂在树上打盹儿、走神；如果你碰到它们在吃午饭（通常是竹子），一定会被它们可爱的吃相逗得哈哈大笑；饭后，熊猫们大多三五成群地睡午觉，偶尔有一两只精神好的，也会散散步，或者与看台上的客人们对视一会儿，算是打了招呼。

大熊猫

除了大熊猫以外，熊猫基地还生活着小熊猫、孔雀、黑颈鹤、白鹤等动物。在这里，你不仅能与各种动物和谐相处，还能够在最正宗的竹餐厅里美美地吃上一顿“全竹餐”（用竹子做成的菜）。饭后，你可以参观大熊猫博物馆，在那里，你能更全面地了解熊猫，能看到熊猫化石。要是你对可爱的熊猫恋恋不舍，也可以去基地的纪念品商店逛一逛，那里有近百种不同形式的熊猫纪念品任你挑选。

小提示

➢ **熊猫基地**

地址：成都市成华区外北三环熊猫大道 1375 号。

开放时间：7:30—18:00。

门票：58 元 / 人。

交通：1. 公交：旅游公交专线 902 路可直接到达，或乘 1 路、63 路、69 路公交车在昭觉寺下车，再转 198、532 路公交车到达。

2. 地铁：乘坐地铁 3 号线前往。

都江堰

都江堰位于成都平原西部的岷江上游，是公元前250年蜀郡太守李冰父子组织修建的大型水利工程，由鱼嘴、飞沙堰、宝瓶口三大工程组成。2000多年来，都江堰一直发挥着防洪灌溉的作用，让成都平原变成了“天府之国”。都江堰是至今为止全世界年代最久、唯一留存、仍在一直使用、以无坝引水为特征的宏大水利工程，2000年，都江堰成功申报为世界文化遗产，它是四川人心中最值得骄傲的历史文化旅游胜地。

都江堰

岷江自古多水害。古时候，岷江上游流经地势险峻的群山，到了成都平原以后，水速突然变慢，水流中夹带的泥沙和岩石随即沉淀下来，从而堵塞河道；每年雨季时，岷江水势上涨迅速，常常泛滥成灾；雨水不足时，又容易造成干旱。如何治理水害，让当地官员头疼不已。

李冰上任后，联合当地老百姓，一起在玉垒山凿出了一个山口，因为山口像一个瓶口，所以取名“宝瓶口”。“宝瓶口”发挥着节制水流的作用，引导岷江水流向东边，从而减少西边的水量，同时解决东边地区的干旱问题，田地得以灌溉。

李冰带领治水经验丰富的当地人在岷江峡内把石块堆起来，因为形状像鱼头，所以叫“都江鱼嘴”。鱼嘴的主要功能是分水，即把岷江一分为二。西边

的叫作外江，是岷江正流，顺江而下；东边的叫作内江，被迫流入宝瓶口，以供农业灌溉使用。为了控制流入宝瓶口的水量，防止东部地区的水量忽大忽小，李冰又率领群众在鱼嘴的尾部，靠近宝瓶口的地方，修建了飞沙堰在上游进行分洪。

李冰父子雕像

都江堰的修建，为中国的水利事业做出了杰出的贡献。与都江堰相关的水文化，还有二王庙、伏龙观等人文景观，以及歌颂李冰父子的神话传说，具有宗教色彩的祭祀活动等，它们共同造就了都江堰巨大的文化魅力。

都江堰不但是闻名中外的水利工程，也是中国 5A 级国家旅游景区，拥有众多秀丽的自然风光与古老的文物古迹。下面为你介绍几处最受欢迎的景点。

秦堰楼

因为都江堰建于秦国，所以人们把这座依山而建的古老楼阁称为“秦堰楼”。这里是观赏都江堰的最佳地点，登上秦堰楼，能看见都江堰水利工程、安澜索桥、二王庙、青城群山等景观。

安澜索桥

这座位于都江堰、跨越内外两江的索桥始建于宋代，因为战火受到严重的破坏，最后重建于 20 世纪 70 年代。安澜桥是“中国五大古桥”之一，带有鲜

明的川西索桥特色，来到都江堰，在安澜索桥上走一走，能欣赏到都江堰壮丽的风景。

二王庙

二王庙位于都江堰西边的玉垒山，是都江堰景区的重要组成部分。庙宇初建于南北朝时期，是人们为纪念李冰父子而修建的，因此名为“二王庙”。二王庙在2008年汶川大地震中遭受严重损坏，经过整修后，2011年重新对外开放。

二王庙

二王庙供奉着李冰父子雕像，后殿还有张大千、徐悲鸿等著名书画家的碑刻，院中种满了名贵的花木，是著名的游览观光胜地。

虹口

虹口位于都江堰市西北边，群山环绕，最高峰达到4582米。在这里，山峰、原始森林、瀑布、河流形成了秀丽风光。当然，让这个国家级自然生态保护区闻名全国的，还有号称“西部第一漂”的虹口漂流。对于具有冒险精神的游客来说，一定不能错过虹口。

小提示

➤ **都江堰**

建议一日游，每年的 4 月到 10 月是最佳旅游时间。

开放时间：冬季（8:00—17:30），其他季节（8:00—18:00）。

门票：90 元 / 人。

交通：在成都茶店子汽车站乘坐大巴前往都江堰。

官方网站：http://www.djy517.com/

➤ **实践任务**

1. 以“锦里”或者“宽窄巷子”为主题，举办一场摄影大赛，全班评出最佳作品。作者应对自己的作品进行简要的介绍。

2. 参观了熊猫基地后，与同学讨论以下问题。

① 在熊猫基地游览时，你看到了几种动物？

② 如果看了熊猫电影，请用简洁的语言介绍熊猫的一生。

3. 跟随班级去都江堰旅行，找到下面的景点，回来后，两人一组向全班介绍景点。

休闲时光 · 成都的安逸生活

成都人大多有着悠闲、潇洒的生活态度。成都的生活节奏不是太快，这种慢节奏能让人们更好地享受生活的乐趣。成都人在工作之余喜欢泡茶馆、泡酒吧、打麻将、唱 KTV 等。娱乐产业是成都的一项重要产业。这一章主要介绍一下成都的休闲生活。

茶馆、评书

老成都有句谚语，说四川“头上晴天少，眼前茶馆多”。成都茶馆有着悠久的历史，发展到今天，已经是拥有休闲、聚会、娱乐和商务会谈多种功能的公共场所了。四川盛产茶叶，最著名的有成都蒲江的雀舌、蒙顶山的蒙顶茶、峨眉山的竹叶青和碧潭飘雪等。这些都是大自然带给四川人的礼物。成都市区分布着近万家大大小小的茶馆，只要是多功能的公共场所几乎都能找到喝茶的地方，既有价格实惠的街边茶馆，又有价格不菲的高档商务茶楼。

位于会展中心的顺兴老茶馆是一家特别有名的高档茶馆。它的店堂很有四川传统建筑的特色。这里提供各类茶水和点心，也可以吃饭。到了晚上还可以边喝茶边看川剧变脸表演。人民公园内的鹤鸣茶社，风景宜人，主营盖碗茶，价格便宜。很多老年人都喜欢到鹤鸣茶社喝茶，度过悠闲的时光。还有望江公园附近的河心茶庄，也是市民休闲会友的好地方。在成都的众多茶馆中，老字号的“悦来茶馆”在茶客心目中有着特殊的地位。在这里，除了能喝到便宜的好茶，还可以花很少的钱看一场精彩的川剧表演。

在成都的茶馆喝茶，一定要点上一碗地道的盖碗茶。盖碗又称“三才碗”，这是一种富有四川特色的茶具。它是一种上有盖、下有托，中有碗的茶具，盖象征天、托象征地、碗则代表人。揭开盖子，在碗沿上轻轻刮过，另一只手端起茶托部位，吹开面上漂浮的茶叶，轻轻喝一口香气四溢的川茶，你就找到成都人喝茶的感觉了。在成都的茶馆，最不能错过的是精彩的功夫茶表演。四川功夫茶主要是长嘴壶功夫茶。身穿传统服装的表演者，拿着一个铜壶，一边表演功夫，一边将铜壶中的茶水倒入碗中。最特别的是，这种铜壶的壶嘴有一米长。表演者会做一些难度很高的功夫动作，又是弯腰又是踢腿，但最后水都能一滴不漏地倒进盖碗，像杂技一样精彩。

功夫茶表演

三才碗

成都的传统老茶馆除了喝茶，还有很多传统休闲项目，如按摩、搓麻将等。最有地方文化特色的要数茶馆里的四川评书表演。四川评书又称白话演说、评话，是四川民间曲艺品种之一。四川评书是一种历史悠久的传统民间表演艺术，类似于现代的脱口秀表演（Talk Show），主要在四川以及云南、贵州地区流行。传统的四川评书表演内容主要是根据小说和演义改编的，内容丰富，引人入胜。古代老百姓大多没有读过书，不认识字，也不能自己看书。评书用讲故事的形式将历史、小说和民间传说讲给大家听。因为评书的语言十分生动，受到老百姓的欢迎。当代的四川评书在传统基础上进行了改良，用幽默的方法讲述和评论人们日常生活中的趣事。这方面最有名的评书表演家要数成都的李伯清。他开创了独具特色的“散打评书”，用讲笑话的方式将四川评书这种传统艺术重新带进新时代的街头巷尾。

在成都的某个小巷或者公园，找一家茶馆，点上一杯盖碗茶，听一段四川评书，度过一段悠闲的午后时光，是最贴近老成都人的生活方式。

小提示

➢ **鹤鸣茶社**

地址：成都市人民公园东北角。

交通：1. 公交：可乘坐4路、5路、7路、13路、43路、47路、58路、64路、81路、85路公交车到人民公园站。

2. 地铁：可乘坐地铁2号线到人民公园站。

➢ **河心茶庄**

地址：成都锦江区河滨路2号。

交通：1. 公交：可乘坐3路、19路、35路、56路公交车至河心路站。

2. 地铁：可乘坐地铁2号线到牛王庙站下。

➢ **顺兴老茶馆**

地址：成都市高新区天府大道中段世纪城路198号国际会展中心。

交通：1. 公交：可乘坐3路、56路、63路、75路、93路公交至国际会展中心站下。

2. 地铁：可乘坐地铁1号线到世纪城站下。

➢ **悦来茶馆**

地址：成都市锦江区华兴街 54 号。

开放时间：每周六 14:00—16:00 川剧表演。

门票：18 元—33 元（含茶水）。

交通：1. 公交：乘坐 6 路、49 路公交车到地铁市二医院站。

2. 地铁：乘坐地铁 3 号线到市二医院站。

川剧

川剧就是用四川话演唱的戏剧，在曲调、唱腔和表扬形式上具有浓郁的四川地方色彩，有着独特的艺术魅力。川剧流行于四川中东部、重庆及贵州、云南部分地区，是四川文化的一大特色。早在唐代就有“蜀戏冠天下”的说法。那时候四川地区的地方戏被称作“川戏”，影响力十分大，全国流行，所以被称为“冠天下”。到了明末清初，各地移民进入四川，各种南腔北调的剧种在四川地区交汇，逐渐形成了具有四川方言特色，并且融合多种民间音乐、说唱艺术、名歌小调的地方戏曲剧种，清末时改成“川剧”。经过长期变化和发展，成为川渝地区最流行的戏曲艺术。我们在成都的各级川剧院、表演中心以及一些传统茶馆，都可以看到正宗的川剧表演。

川剧变脸

川剧除了曲目和唱腔之外，还有独具特色的绝活表演，主要包括变脸、滚灯和吐火。年轻人、听不懂四川话的外地人和外国人在观看川剧时，对曲目和唱腔也许理解得不深，但一定会喜欢这三样绝活。脸谱在戏剧表演中用来表现人物的各种情绪和身份。随着剧情的需要，演员一边做舞蹈动作，一边变出不同的脸谱。变化极快，非常有趣。滚灯主要用于喜剧情节，一般由丑角来表演。演员头顶一盏油灯，同时表演各种夸张滑稽的动作，还要保证油灯不掉下来。

滚灯表演幽默活泼、老少皆宜，深受观众喜爱。吐火也是川剧中独一无二的绝技，在剧情发展到高潮处时，演员对着火把吹气，吐出一大股火焰，非常刺激。

川剧吐火

在今天这个网络时代，人们有着多样的娱乐方式。川剧这门传统艺术也不如过去流行。一些川剧艺术家顺应时代潮流，对传统川剧进行了一些改良，也借助声光电和现代化舞台及多媒体设备，呈现出更加立体和丰富的表演。希望有更多的观众重新爱上这门古老的艺术。来到成都可以去本地的老茶馆，坐在本地人和游客中间，喝着盖碗茶，看一场民间川剧表演。

小提示

➤ **四川省川剧院**

地址：成都市锦江区指挥街 108 号。

交通：1. 公交：可乘坐 48 路、62 路、335 路到锦兴路西站下。

2. 地铁：可乘坐地铁 1 号线到锦江宾馆站下。

➤ **蜀风雅韵民俗茶馆**

地址：成都市青羊区琴台路文化公园内。

开放时间：每天 20:00—21:30 川剧表演。

门票：80 元—200 元（含茶水点心）。

交通：1. 公交：可乘坐 35 路、11 路公交车到青羊宫站下。

2. 地铁：可乘坐地铁 2 号线到通惠门站下。

➤ **武侯祠大戏台**

地址：成都市武侯区武侯祠大街 231 号。

门票：180 元。

交通：1. 公交：可乘坐 82 路、335 路、334 路到武侯祠站下。

2. 地铁：可乘坐地铁 3 号线到高升桥站下。

麻将

很多中国老百姓都听过这样一个笑话，一架飞机经过一个地方的时候，机上乘客突然听到一片哗哗的搓麻将的声音，大家不约而同地说：到成都了！虽然只是一个笑话，但可以看出成都人对麻将的喜爱程度。早在唐代的时候，中国人就开始打麻将。麻将基本规则简单，很容易入门，然而其中的组合又变幻无穷，玩法也很丰富，是一种很吸引人的休闲娱乐方式。麻将在全中国都很受欢迎，甚至在20世纪30年代就走出国门，在国外也有很多人喜欢打麻将。2008年开设的成都文殊坊“麻将与茶文化博览馆”展出了许多与麻将文化有关的藏品。2012年，由成都市棋牌协会主办的“天府雀王争霸赛四川麻将大赛”在三圣乡举行，可见麻将在成都是一项很受欢迎的民间娱乐形式。

麻将比赛

成都这座城市与麻将的关系是独一无二的。在成都，几乎能凑上四个人的地方都有可能摆上一桌麻将。麻将是成都人生活的一部分，茶馆、街边、家里、饭馆、农家乐、旅游景区……白天、晚上、周末、假日，随时随地都能看到喝茶、打麻将的成都人。打麻将是成都人一种人际交往、休闲放松的生活方式。

成都人特别喜欢在茶楼打麻将，邀约上三五好友，找个茶馆坐下来，每人一杯茶，开一桌机麻（自动麻将机），就可以玩上一整天。成都的茶楼遍布大街小巷，几乎所有的茶馆都提供打麻将的场所。那些隐藏在闹市和小区里的茶楼一般接待附近的居民，家家都有常客，老板和客人往往也能成为老朋友、老熟人、老牌友。

市区的几个公园也是麻将爱好者常去的地方，比如浣花溪公园、人民公园、望江公园、百花潭公园、塔子山公园等。人们在过足麻将瘾的同时又可以品茶聊天、观赏美景。逢年过节，成都人也不忘打麻将。春节的时候，一家团聚，很多人会在自己家里摆上一桌麻将，一边打麻将一边交流感情。因为麻将是四个人的游戏，人数不合适的时候，多出来的亲朋好友会在旁边观看。为了增加参与性和互动性，观看的人也会下注，成都人称这种玩法叫“买马”。这样一来，所有的人都能参与到游戏中，打麻将更加成为一种人人能参与的其乐融融的游戏项目。

来成都的外地人和外国人如果能学会玩简单的麻将，一定会很快交到新朋友，也能更深入地了解成都这个地方的日常生活和市民文化。对成都人来说，麻将既是日常生活中的休闲方式，也是一种根植于本地人血液里的文化传承。

小提示

➢ **文殊坊麻将与茶文化博览馆**

地址：成都市青羊区白云寺街 1 号。

交通：1. 公交：乘坐 3 路、99 路到德盛路站。

2. 地铁：乘坐地铁 1 号线到文殊院站。

酒吧

成都作为有名的休闲娱乐之都，是“夜猫子”的聚会圣地，夜生活十分丰富，酒吧是最受年轻人欢迎的地方之一。在成都，你可以找到许多不同风格、不同价位的酒吧。它们根据不同的风格和地域分布。

玉林片区是成都开发较早的“夜生活区”，该区有各种美食宵夜店、外贸服饰店以及不同风格的酒吧。很多酒吧就隐藏在密密麻麻的居民区小街道当中。玉林生活广场是这个片区最繁华的商业区，有很多餐馆和酒吧。音乐房子是这里规模最大的酒吧。最有名的是位于玉林西路的“小酒馆”酒吧，它创建于 1997 年初，起初是一个规模不大的小酒吧，因为每个周末都有精彩的摇滚表演而成为摇滚迷钟爱的地方。2016 年，民谣歌手赵雷创作的一首名为《成都》的歌曲红遍了大江南北。其中一句歌词“走到玉林路的尽头，坐在小酒馆门口”使得小酒馆名声大噪，成为游客的热门去处。

莲花府邸

九眼桥的酒吧一条街是成都最为出名的“夜生活圣地”。沿着河岸分布着几十家大大小小的酒吧，人们可以在这里喝酒、听歌、朋友聚会。很多酒吧的消费很便宜，买一瓶二十五块钱的啤酒就可以坐下来欣赏酒吧歌手精彩的表演。九眼桥最吸引眼球的要数 2010 年开放的兰桂坊。作为著名的娱乐商圈品牌，

兰桂坊的到来为成都这座休闲城市添上了浓墨重彩的一笔。兰桂坊酒吧相对比较高端，服务也十分周到，是消费能力较强的顾客常去的地方。

成都著名的锦里和宽窄巷子景区是成都重要的历史文化保护区。景区里面的娱乐场所既具有现代生活气息，又呈现出传统建筑风格。这两个景点里，除了有高档精致的私房菜、传统幽静的茶馆，还有几家令人称道的特色酒吧。其中最有名的是走出了多名四川籍歌星的莲花府邸，以及诗人翟永明开的白夜酒吧。莲花府邸最大的特色就是汇聚了成都最会唱歌的年轻歌手。这家酒吧的好几位歌手在全国选秀比赛中脱颖而出，最终成为在中国家喻户晓的明星。白夜酒吧则是文学爱好者聚会的地方，这里常常举办读书会和文学沙龙。伴随着悠扬轻慢的音乐，许多成都本地的诗人、作家、摄影家、画家在这里聚会，品着红酒讨论文学和艺术。

白夜酒吧

近年来，人们开始在离市区较远的地方开酒吧，也吸引了许多爱好音乐的年轻人。位于锦江区郊区的三圣乡成了酒吧和摇滚爱好者的新基地。有名的“小酒馆”酒吧在这里开设了分店。“早上好”酒吧几乎每天都有本地或来自全国各地的摇滚乐队进行现场表演。这里常年聚集着许多摇滚爱好者。人们只需要花几十块钱就可以看到一场火爆的摇滚现场秀。

另外，在成都生活的许多外国朋友喜欢去位于人民南路的“三叶草爱尔兰”酒吧（shamrock）、四川大学附近的“水母”酒吧（Jellyfish）和玉洁东街的“老书虫”餐吧（Bookworm）。这几家酒吧的老板都是在成都生活多年的外国友人。从世界各地来到成都学习和生活的外国人也许能在这些地方找到家乡的味道。

小提示

成都主要的酒吧

➢ **小酒馆**

地址：成都市武侯区玉林西路 55 号。

交通：乘坐地铁 3 号线到衣冠庙站。

➢ **兰桂坊**

地址：成都市锦江区水津街 1 号。

交通：乘坐地铁 2 号线到东门大桥站。

➢ **莲花府邸**

地址：武侯区武侯祠大街 231 号附 12 号。

交通：1. 公交：乘坐 335 路、35 路、83 路到武侯祠大街中站。

2. 地铁：乘坐地铁 1 号线到华西坝站。

➢ **白夜酒吧**

地址：青羊区窄巷子 32 号。

交通：乘坐地铁 4 号线到宽窄巷子站。

➢ **三叶草爱尔兰酒吧**

地址：成都武侯区人民南路四段 15 号附 16 号（近倪家桥地铁出口处）。

交通：乘坐地铁 1 号线到倪家桥站。

➢ **水母鸡尾酒吧**

地址：科华北路 143 号蓝色加勒比广场 2 楼 213 号。

交通：乘坐地铁 3 号线在磨子桥站。

➢ **老书虫餐吧**

地址：成都武侯区人民南路四段 28 号玉洁东街 2 号（心族宾馆南侧）。

交通：乘坐地铁 1 号线到倪家桥站。

➢ **实践任务**

选择一家喜欢的茶馆喝茶并观看川剧表演。数一数你看到的川剧变脸演员一共变了几张脸。

跟朋友一起去一次成都的酒吧，回来以后讨论一下这家酒吧跟你在家乡常去的酒吧有什么不同。

热闹生活·成都的文化节庆

成都有着丰富的文化生活。除了日常的文化娱乐，一年当中各种各样的节庆活动总能让人感受到这座城市的热闹。成都人对生活充满了热情，成都的节庆活动也是热火朝天。活动的主题有传统文化也有现代艺术，它们都是成都这座文化休闲之都最好的名片。下面介绍几个主要的文化节庆活动。

传统文化节

大庙会

成都大庙会是一年一度的民间盛会。现代化的新成都把中华民族春节庙会的传统习俗传承得很好。从2004年成都市举办第一届大庙会以来，这项活动迄今已经举办了十多年了，每年都在武侯祠举行。庙会现场布满了五彩花灯、大红灯笼、传统雕塑、手工艺品等装饰，带给人们浓郁的春节气息，也给成都最有名的古迹武侯祠增添了节日的气氛。人们赏灯游玩，其乐融融。大庙会从每年农历春节除夕开始到正月十五元宵节闭幕，一共要举办十六天。在大庙会活动期间，市民天天都可以参加各式各样，丰富多彩的活动。活动项目包括灯会灯展、歌舞表演、马戏表演、杂技表演、传统文化表演、主题文化讲座、传统艺术品展览等。有时候主办方会邀请著名学者来为市民举办文化讲座。学者深入浅出、引人入胜的讲述可以让大家更好地了解到历史典故和传统文化。歌舞文艺表演常有一些歌星来参加，大庙会也因此吸引了更多的年轻人。2014年大庙会十周年，主办方举行了以“谁陪你逛庙会——大庙会十年记忆”为主题的摄影比赛。很多市民积极参加，寄来了他们满意的摄影作品。这些照片记录了成都大庙会十年的变化和发展，也反映出成都人十年生活的变迁。春节是中国人最重视的传统节庆，成都大庙会是成都人春节期间的最佳去处。

大庙会正门

龙舟会

中国农历五月初五的端午节是一个重要的传统节日，传说是为了纪念古代诗人屈原而设立的。端午节的习俗是吃粽子、喝雄黄酒、挂菖蒲、赛龙舟。龙舟会的主要形式有划龙舟比赛、抢鸭子比赛和放河灯。每年端午这天，大量的市民走上街头，来到河边，观看精彩的赛龙舟活动。许多有河的地方都能看到奋力划船的赛手和欢呼喝彩的观众。刻着龙头、拖着龙尾的长船上坐着十几个小伙子。比赛哨声一响，他们便开始奋力划桨，力争第一。观众在岸边大声加油，场面十分热闹。紧张的划龙舟比赛过后是欢乐的抢鸭子比赛。好几只鸭子被抛进河中，参加比赛的小伙子跳到水里拼抢，谁抓到的鸭子最多，谁就是胜利者。

新津南河举行的龙舟会是当地一项著名的民俗活动。这项活动最开始是民间举办的。因为包含了大量当地民俗，很有文化特色，新津龙舟会受到了人们的喜爱，声名远播。活动内容包括抢鸭子、狮灯表演、神话故事表演、川剧演出、龙舟夜游、水上灯彩、放焰火、舞龙灯、包粽子、佩带各类香包、放河灯、放孔明灯等。1996 年，国家体育总局授予新津县“全国龙舟活动先进县”称号。2008 年，新津端午龙舟会被列为成都市非物质文化遗产保护项目。

龙舟会是一项非常有趣也非常有意义的活动。划龙舟既带给人们竞技体育的快乐，又能让人们体验和传承传统文化。

划龙舟比赛

小提示

➤ **新津龙舟会：**

地址：成都新津县邓双镇南河。

时间：每年农历端午期间。

交通：在成都市新南门汽车站坐车去新津，票价 15 元。

➢ **大庙会：**

地址：成都市武侯区武侯祠。

开放时间：每年春节除夕至正月十五。

门票：全票：每张 30 元；半票：7 周岁及以上至 18 周岁的青少年、大学生 15 元。

交通：1. 公交：可乘坐 1 路、26 路、29 路、301 路公交车到武侯祠站。

2. 地铁：乘坐地铁 3 号线到高升桥站。

地方文化节

桃花节

除了过中国的传统节日，成都还有自己独有的地方文化节庆活动。每年三月份的桃花节就是一个最好的例子。位于成都东郊的龙泉驿区盛产水蜜桃。每年三四月份是桃花盛开的季节，这时候也是龙泉桃花沟风景最美的时候。漫山遍野的桃花非常漂亮。花期不同，每年的桃花节会期也不同。只要桃花开了，就是举办桃花节的时候了。第一届桃花节于 1987 年举办。现在龙泉驿区政府和四川省旅游局对桃花节十分重视，通过多年的发展，把桃花节打造成了当地的旅游名片。2005 年龙泉桃花节正式更名为龙泉国际桃花节，桃花节开始走向世界，接待了来自世界各地的上万名游客，成为商业化的旅游活动。最近几年的桃花节还请到来自美国、欧洲和澳大利亚的艺术家，越来越国际化。对成都人来说，他们仍然习惯在桃花节上赏桃花、打麻将、喝茶聊天、吃农家乐饭菜。不过，由于桃花节实在太受欢迎，周末的时候人山人海，十分拥挤。建议平时前往，可以在更幽静的环境中欣赏桃花。

三月的桃花沟

樱桃节

樱桃节是成都市蒲江县境内一年一度的盛大特色旅游项目。自第一届樱桃节以来，游客数量逐年高速递增。近几年，随着各项服务水平的大幅提升和政府对旅游设施的大力投入，年接待游客达数十万人。樱桃节已经成为蒲江县的一大旅游品牌，吸引着越来越多的游客。

蒲江樱桃山景区距成都约 84 公里，1 小时车程，景区交通方便，拥有万亩樱桃树，无论是新春花开还是甜润品果，纯净的乡村风貌使其成为美丽的田园景区，各地游客自由采摘，尽情品尝，乡村的传统美食也使城市人获得难得的味觉体验。蒲江樱桃山景区是国家 3A 级旅游景区，目前正在重点打造官帽山健身益智休闲度假区、檬子河亲水游乐民俗体验区等旅游休闲园区。

樱桃节以樱桃为主体。樱桃种植区主要集中在县内光明乡境内的金花村和官帽村。每逢樱桃节，红红的樱桃晶莹剔透，如颗颗红宝石，挂满枝头，随风摇曳。游客可进入园区自由采摘并品尝纯天然生长的樱桃，樱桃的甘甜可口带给人美妙的味觉体验；自主采摘，极大地满足了人们对自然生活的无限向往，让人不禁感慨田园生活的轻松和惬意。

樱桃节期间，游客除可以品尝樱桃外，各农家还为他们提供了麻将、棋牌等，游客可在樱桃树下尽情玩耍。热情好客的园主会为您提供充满农家风味的

午餐和晚餐，许多菜肴是都市生活中无法体验的美味。晚间，游客也可选择留宿，山区的宁静和清新的空气会同你一起入眠。醒了，你会永远记得这片山，因为你已经深深地被这里的一切所打动。

小提示

➢ **成都国际桃花节**

地址：成都龙泉驿区龙泉山。

交通：1. 金沙车站—龙泉总站，票价 7 元，15 分钟一班。

2. 新南门—龙泉总站，票价 6.5，15 分钟一班。

➢ **成都蒲江樱桃节**

地址：成都蒲江官帽山。

交通：1．从成都市区坐车到蒲江。

2．城北客运中心到蒲江，07:00—17:30，车费 17 元。

3．石羊客运站（石羊汽车站）到蒲江，07:00—18:40，车费 17 元。

4．成都旅游客运中心（新南门汽车站）到蒲江，07:50—19:10，车费 25 元。

音乐节

除了有趣的传统民俗节庆，现代化的流行音乐节也值得一提。这类音乐节以流行音乐和摇滚音乐为主，特别受到年轻人的喜爱和追捧。在摇滚迷心中，成都是名符其实的摇滚音乐重镇。这里曾先后举办过热波音乐节、汽车音乐节、大爱音乐节、摇滚吧音乐节等。在成都，每年都有机会参加数场规模不同、主题不同的音乐节。音乐节一般在夏季举行，人们在草地上搭帐篷露营。啤酒、美食、娱乐活动以及连续几天、昼夜不停的音乐表演让音乐迷过足了瘾。每个音乐节都能看到许多有名的歌手和乐队。他们的到来让“粉丝”激动不已，很多观众提前几个月就开始预定门票。最受欢迎的音乐节最多有 15 万人次参加。这些音乐节当中最主要的有成都热波音乐节、成都草莓音乐节和成都汽车音乐节。

热波音乐节从 2009 年开始举行，每年 5 月 1 日—5 月 3 日在成都举办，地点是保利 198 公园，主要以摇滚乐和流行乐为主。从第一届开始，热波音乐节就吸引了大量的观众和许多优秀的歌手和乐队。热波音乐节每年有不同的主题，近年来开始关注环保和慈善的话题。音乐节上也会有一些关于环保宣传的活动，并且设有慈善募捐点。热波音乐节在给人们带来艺术享受的同时，也为社会公益事业做出了贡献。

草莓音乐节创办于 2009 年，已先后在北京、西安、镇江、上海、武汉、长春等城市举办。草莓音乐节是中国目前最有名的音乐节，也是最具影响力以及观众人数最多的音乐节。2014 年，草莓音乐节首次来到成都就受到了成都音乐爱好者的热烈欢迎，还有大量成都周边的音乐爱好者也聚集到这里，参加这场音乐的盛宴。2018 年的草莓音乐节如期在成都举行，上百位表演嘉宾和无数音乐爱好者共同度过了疯狂的三天。

成都汽车音乐节是成都本土的音乐节。成都是中国汽车保有量排名靠前的城市，成都人以汽车生活为主题，通过歌手和乐队表演的方式来表达对汽车文化的喜爱。到 2014 年，成都汽车音乐节已经举办了五届，获得了良好口碑和反响。成都汽车音乐节的主办方是成都广播电视台。在汽车音乐节上，汽车爱

好者可以参观各式各样的汽车，同时享受美妙的音乐和美食。成都汽车音乐节是一场汽车与音乐的狂欢。

汽车音乐节现场

成都的音乐节不但吸引了全国各地的观众，在成都生活的很多外国朋友也积极地参与到这些活动中来。他们在这里尽情地欢乐，不仅了解了中国的现代流行音乐，还可以结交到许多新朋友。音乐无国界，共同的爱好使他们相聚在这里，欢乐的时光为他们留下了美好的回忆。

小提示

➢ **热波音乐节**

地址：成都市新都区蜀龙路 1399 号保利 198 公园。

时间：当年 5 月 1 至 3 日，劳动节假期。

门票：单日票 80 元，三日套票 198 元。

交通：可乘坐 60 路、198 路、198 路、665 路、867 路公交车到达。

➤ **草莓音乐节**

地址：成都市新都区蜀龙路1399号保利198公园。

时间：当年5月31日至6月1日。

门票：单日票150元，两日套票 260元。

交通：可乘坐60路、198路、198路、 665路、867路公交车到达。

➤ **汽车音乐节**

地址：成都市双流县正兴镇中国现代五项赛事中心。

时间：当年6月13日至6月15日。

门票：单日票80—98元，三日套票268元。

交通：乘坐501路、809路、815路到华阳客运站换乘835路，到正兴镇下车。

非遗节

非遗节的全称是“中国成都国际非物质文化遗产节”。它由中央和四川省、成都市相关部门共同举办，在专门建造的国际非遗博览园举行。第一届非遗节于 2007 年 5 月 23 日开幕。为期 15 天的非遗节活动让成都展现了作为历史文化之都的独特魅力，也展示了来自世界各地的人类文化艺术瑰宝。

非物质文化遗产包括各族人民世代传承的、与群众生活密切相关的各种传统文化表现形式，比如民俗活动、艺术表演、传统知识和技能，以及与之相关的器具、实物、手工制品等。在第一届非遗节上，来自非洲、欧洲、美洲、亚洲的十一支不同国家和民族的非物质文化遗产表演队带来了非常精彩的表演。我国新疆、吉林、西藏、云南、贵州等十一个省、区、市的二十一支表演队伍也将中国境内的传统文化技艺展现给了全世界的观众。非遗节展现的文化艺术形式非常多元化，比如中国昆曲、川剧变脸、山西锣鼓以及非洲的民间音乐、巴西的桑巴舞蹈、韩国的朝鲜长鼓舞等。

非遗节开幕式表演

非遗节期间，每天会举行不同的“主题日”文艺演出。位于金沙遗址博物馆、文殊坊文化保护片区、郫县安靖、崇州和都江堰的五大分会场，也有各自的特色活动。

随着非遗节的不断发展和完善，每一届非遗节都会增添新的内容，带给大家新的惊喜。如2013年非遗节特别推出三个以非遗商品销售为主题的专题展，分别是“非物质文化遗产工艺美术精品展”“非物质文化遗产衍生创意产品展销”和“全国工艺品艺术博览会”，精致的艺术品让参观者大饱眼福，也促进了成都艺术品和工艺品贸易的发展。从2009年非遗节开始，驰名中外的成都美食也加入到文化交流的行列。成都美食让来自世界各地不同文化背景的人找到了共同的乐趣。

非遗节让成都成了世界传统艺术和民间文化交流的舞台。它让全世界认识了中国的文化，也将不同国家和民族的文化带进中国。非遗节用最亲切的方式把人类文化遗产展现给普通市民和游客，让人们近距离了解这些文化遗产。

小提示

➤ **非遗博物园**

地址：成都市青羊区光华大道二段601号国际非遗博览园。

时间：每一届时间不同，大致在每年5月至6月。

交通：1. 可乘坐22路、239路、309路、319路、761路、904路公交车到达。

2. 可乘坐地铁4号线在非遗博物园站下车。

延伸阅读

成都本地节日一览表

节日名称	主要内容	举办时间	举办地点	交通方式
武侯大庙会	春节庙会、三国主题灯会、美食节	每年腊月二十八开始到正月十五	武侯祠	乘坐地铁3号线至高升桥站
龙泉桃花节	赏桃花	每年三月中旬	龙泉山桃花沟	新南门坐公交车到龙泉总站
郁金香节	赏郁金香	每年三到五月	石象湖景区	驾车经成渝环线高速前往
都江堰放水节	为纪念李冰父子，庆祝都江堰水利工程岁修竣工和进入春耕生产大忙季节，都江堰市都会举行盛大的庆典活动。	每年清明节当天	都江堰景区	驾车经成灌高速至都江堰景区
热波音乐节	摇滚、民谣演唱会	每年五月初	保利198公园	公交198路到保利198公园站
草莓音乐节	摇滚、民谣演唱会	每年五月底	保利198公园	公交198路到保利198公园站
汽车音乐节	摇滚、民谣演唱会、汽车主题活动	每年六月中旬	双流区正兴镇中国现代五项赛事中心	乘835路到正兴镇

续 表

国际非物质文化遗产节	各国的非物质文化遗产巡演，包括戏剧表演、史诗说唱、传统手工艺展示等	每年六月第二个星期六	非遗文化博物园	乘坐地铁 4 号线到非遗博物园站
新津龙舟会	赛龙舟、捉鸭子比赛	每年端午节期间	成都新津县邓双镇南河	成都旅游客运中心坐车至新津
蒲江樱桃节	赏樱桃、摘樱桃	每年六月樱桃成熟期	蒲江官帽山	成都旅游客运中心到蒲江
三圣乡荷花节	赏荷花、放荷花灯、文艺表演	每年八月荷花开的时候	三圣乡荷塘月色	乘坐公交 31 路到荷塘月色站
新都桂花节	赏桂花、品尝桂花茶和桂花制作的食物	每年九月或十月桂花成熟时期	新都区宝光文化旅游区	乘坐公交 650 路
大邑银杏节	赏银杏、登山健身比赛、摄影大赛	每年 11 月银杏叶黄的时候	大邑白岩寺	茶店子客运站、石羊场客运站乘车至大邑

➢ 实践任务

1．参加一次在成都举行的文化节庆活动。用相机记录下你认为有趣的场面，写下你的感受，做成 PPT，为同学们做一次演讲。

2．向同学们介绍一项自己国家的非物质文化遗产。

走进成都

ZOUJIN CHENGDU

第四单元

第四单元

精致手艺·成都的民间艺术

民间艺术是艺术的一种，是劳动人民直接创造或在劳动群众中广泛流传的艺术，包括音乐、舞蹈、造型艺术、工艺美术等，主要与“宫廷艺术”“贵族艺术”等相区别。民间艺术的魅力在于它的自由自在、不受拘束，因为来源于民间，和我们的生活有密切的关系，所以民间艺术就存在于我们的生活中。成都的民间艺术主要有皮影戏、漆器、瓷胎竹编和糖画。现在就让我们一起来认识一下成都的民间艺人和他们手中的绝活。让我们一起看灯影，吃糖饼，赏漆器，买瓷胎竹编。

皮影戏

皮影戏是一种戏曲形式，用兽皮或纸板做成各种形象，然后用灯光照射这些形象来表演故事。成都皮影是指在成都市和附近区县范围内流行的皮影，属于四川西路皮影。成都皮影又叫“成都灯影”， 有“纸灯影”“皮灯影”之分，是最具代表性的汉族民间艺术。成都皮影通常比北方皮影高很多，最大的有七八十厘米。成都皮影里的人物服饰华美、面貌漂亮、很像真人。

成都皮影戏的历史十分悠久，但是清代以后才逐渐在民间流传。清代中叶，成都皮影戏常常在成都东大街、暑袜街以及全城的会馆、会所、庙会等场所表演，吸引了一大批观众。成都皮影与川北皮影和陕西皮影关系密切，在发展过程中相互促进。

皮影戏为什么受到大家的欢迎呢？主要是因为皮影的制作过程特别有意思，皮影的设计造型都是全手工制作，首先要用上好的牛皮，经过制作以后，

皮影

将四周穿孔晾干，做成半透明的皮子，在雕刻前用水润湿，再按照皮影模子画出外形和轮廓，最后用刻刀等工具雕刻。成都皮影按照尺寸大小，分为大皮影和中皮影两种。大皮影身高六十至七十厘米，中皮影身高二十至三十厘米，影人按角色造型不同，由十一到十四个可活动部位组成，手指和手掌关节分开，这样在演出皮影戏时更加生动。影人大多采用单眼侧面造型，使得影人在表演的时候紧贴窗户上的剪影效果更好。影人分为生、旦、净、末、丑五大类，这和中国戏曲人物分类相同，生角造型的特点是大眼有神，旦角造型的特点是小嘴长眉，净角造型的特点是圆圆的额头，丑角造型的特点是搞笑有趣。好的皮影可以让观众更加清楚地了解人物特点，让表演更有意思。

成都皮影戏特别好看，主要有以下三个方面的原因：第一，皮影的制作过程非常复杂，成品精美，表演的时候更加生动活泼；第二，图案装饰吸收了很多川剧表演的特点，内容丰富；第三，表演过程中人数较多，大家分工合作、自演自唱，十分热闹。

成都皮影戏的表演跟川剧有着密切的联系，唱法有昆、高、胡、弹、灯五种，表演时演奏的乐器有锣、鼓、二胡、三弦、唢呐和梆子等。常常表演的剧目有讲三国时代故事的戏，如《群英会》《借东风》《打黄盖》等，还有神话剧《封神演义》《白蛇传》《西游记》等，以及经典名著《水浒传》中的“武松打虎”等。

皮影的制作和皮影戏的表演都非常难得，现在还有很多制作皮影和表演皮影的艺人生活在成都，他们不仅传承了皮影艺术，还把它发扬光大。在成都博物馆、四川大学博物馆、四川博物院、四川省群众艺术馆中都可以看到皮影藏品，去锦里、成都非物质文化遗产公园或者节日庙会上也可以看到皮影表演。

糖饼儿

成都人所说的糖饼儿就是人们常说的糖画。糖画是一种汉族民间手工艺，用糖做材料，画出各种形状。四川民间过去又叫“倒糖饼儿”“糖粑粑儿”“糖灯影儿”等。所需要的工具很简单，就是一个勺子，一把铲子。熬糖很重要，常常用红糖或者白糖加上一点儿麦芽糖放在炉子上用小火熬，熬到糖可以拉丝时就可以用来作画了。艺人用小汤勺舀起溶化了的糖汁，在石板上飞快地来回走动，画出各种图案，民间艺人的能力越强，图案就画得越多越复杂，画完以后粘上竹签，最后用小铲刀将糖画铲起，糖画的制作就完成了。基本的制作方法和北方糖画是相同的。

糖画

糖画看起来好像很简单，但实际上是一门非常高深的技艺，里面包含了历史、美术、地方民情风俗、蔗糖工艺等复杂元素。创作的时候，艺人坐在糖画摊前，手拿糖勺，飞快地将勺中的糖汁洒在光洁如镜的大理石板上。几十秒钟的时间，就能画出各种神奇的图画，有动物、水果、花鸟虫鱼、戏剧人物等。等新鲜的糖画凝固后，粘上竹签，一幅作品就完成了，既可赏又可吃，真是看起来像画，吃起来更有味。

关于糖画还有一个传说，相传唐代四川大诗人陈子昂在家乡时，很喜欢吃黄糖（蔗糖）。他先将糖熔化，在干净光滑的桌面上倒各种图案，等凝固后拿在手上，一面欣赏一面吃，觉得很有意思。后来陈子昂到京城长安游学求官，空闲的时候，就在家里用黄糖倒糖饼。有一次陈子昂正在欣赏自己的“作品”，被路过的小太子看见，陈子昂将糖饼送给了小太子。小太子回宫后吃完糖饼还想吃，但是糖饼没有了，就大哭起来，皇帝弄清缘由后，招陈子昂进宫画糖饼。后来陈子昂也因此升了官。再后来，陈子昂不做官回到故乡以后，收了一些徒弟教他们做糖画，从此就有了真正的糖画。不过，这只是一个传说。

那么真正的四川糖画是从什么时候开始有的呢？有史书记载大概是从明代的“糖丞相”开始。每年新年祭祖的时候，有钱的大户人家常常用模具制作糖狮、糖虎和人物形象来祭祀，后来这种技艺传入了民间，慢慢变成了糖画。到了清代，糖画变得非常流行，技艺也更加精妙，内容也更加丰富多彩，龙凤以及花鸟虫鱼等都可入画。清代以后，随着大规模的移民入川，糖画也和其他的民间技艺一起传入四川，受到大家的喜爱。

四川糖画的品种主要有四类。①“大货”：就是一些体积大、图案复杂的作品，比如龙凤、孔雀、狮虎、花篮、金鱼等。②“小货”：就是体积小、图案简单的作品，比如虫、鸟、水果等。③“子子货”：就是直接倒一个个圆形糖饼儿，糖饼儿的关键是每个糖饼儿大小要相同，互相不粘连。④“丝丝货”：是以糖液形成的线条来构图，类似于国画中的白描和西洋画中的速写，这个在如今的糖饼摊上已经很难看见了。

现在在成都的很多公园里面或者在庙会上仍然可以见到卖糖饼儿的艺人，四川人说“转一手糖饼儿”，意思是“转一次糖画”几块钱一次，转到了什么图案，糖饼儿艺人就会现场给你画出你转到的图案，这样我们不但可以欣赏艺

人熟练的动作，还可以品尝到美味的糖饼儿，大家一定要去试试哦。

漆器

漆器，就是把漆涂在各种木质器物的表面上所制成的日常器具以及工艺品等。生漆是从漆树上割取的天然汁液。用它作涂料，不怕潮湿，不怕高温，不怕腐蚀，又可以调出很多不同的颜色，十分漂亮。在中国，大家很早以前就知道了漆的性能，并用它制作器具。

由于四川有很多生漆和朱丹（一种颜料），它们是制作漆器的主要原料，所以成都自古以来就是中国漆器的主要产地之一。在 3000 多年前，成都的漆器工艺就已经达到很高的水平了。后来漆器作为文化和贸易用品出现在中国很多地方。成都漆艺是中国最早的漆艺之一，成都漆器也是中国四大漆器之一，具有鲜明的风格和特点。成都漆器又叫“卤漆”，历史悠久，色彩鲜艳，图案丰富，于 2006 年 5 月 20 日被列入第一批国家级非物质文化遗产名录。

现在成都生产的漆器有很多种品种，主要产品有漆器屏风、出土文物复制品、漆画艺术品等，外观精美，工艺精巧，漆面非常光亮，可以当作镜子用。漆画的风格非常丰富，有油画、有山水、有写意等，但是又有自己的特点。那么成都漆器有着怎样的历史呢？在很多出土文物中我们都可以看见不少精美的

漆器

漆器，在三星堆遗址中就出土过一个非常漂亮的雕花漆木器，由此可见，三星堆时期的古蜀人已熟练掌握了制漆用漆工艺。还有从春秋战国时期的出土漆器可以看出，在那时成都的漆艺水平已经很高了，是当时全国漆器的生产中心，扬雄《蜀都赋》中也有描述："雕镂器，百伎千工。"就是说当时有很多人在做漆艺。两汉时成都郫县和广汉生产的漆器已经遍布天下。五代时期，成都生产的金银镶嵌漆器，说明漆器达到一个相当高的工艺水平。明清时期，成都成为全国著名的雕漆填彩漆器（漆器制作的一种类型）产地之一。在民国时期，成都有三条街道即科甲巷、小科甲巷、太平街专门生产、经营成都漆器。成都漆器有着这样悠久的历史，所以成都被称为"中国漆艺之都"。

我们现在可以在成都各大博物馆欣赏到出土的漆器。

如今成都漆器工艺也面临很多困境：一方面是很难找到原料以及工具（古代有专门的漆园，而现在漆树越来越难找，四川现在不仅没有专门的漆园，而且野生漆树也不断遭到人为破坏），另一方面随着成都漆器工艺厂的衰落，制作漆器的工具也很难找到，只有靠自己手工制作。传统漆艺的特点决定了成都漆器不能采用工业方式生产，而只能通过手工制作，同时又只能通过人与人口手相传的方式传承。近年来，成都漆艺正面临巨大的生存危机，产品市场缩小，缺乏继承人，许多传统技艺已经开始失传，只有尽快采取必要的保护措施，才能挽救这种即将失传的古老手工艺。

瓷胎竹编

瓷胎竹编又叫细丝工艺品，是成都地区独特的手工艺品，也是四川特产的一种，最早是从清代中期开始生产，当时主要用来敬奉皇帝。后来由于各种原因，这种技艺差点消失。19世纪50年代经过人们的努力，才恢复了瓷胎竹编的生产。

瓷胎竹编工艺使用的竹材是经过严格挑选的，使用的是成都地区特有的很长、又没有节头的瓷竹，经过破竹、烤色等十几道工序，制作出精细的竹丝，这些工序全部都是手工完成。瓷胎竹编所用的竹丝，厚薄均匀，粗细一致。瓷胎竹编在制作过程中全凭双手和一把刀进行手工编织，让每根竹丝紧紧地贴着瓷面，所有接头都看不见，好像是用一根竹丝编织而成的。这些竹丝经过了特殊的处理，不变形，不被虫蛀，不怕干燥，不怕水，还可以清洗。

瓷胎竹编

按照外型，瓷胎竹编主要分为瓶子、坛子、包具、盒子、器具五大类。瓶子类小的大概只有5厘米，而大的却有1.45米，可适合不同场合的需要。坛子类有茶杯、糖缸、茶叶罐等实用品。包类有两大类六种大小的竹包手袋和挎包。盒类有竹胎、纸胎、漆器胎几种，大小有7厘米、9厘米、11厘米、13厘米、15厘米等几种，还分为单盒、套盒等。

瓷胎竹编是四川的特产，许多来川游客都把它作为首选旅游纪念品。

➢ 实践任务

1. 去锦里观看皮影戏表演，给同学们讲讲你看的是怎样的一个故事。问问皮影表演艺术家，一个人同时最多可以控制几个皮影进行表演？

2. 去公园转糖画，看看自己转到了什么。问问给你画糖画的师傅，他画糖画多长时间了？可以画多少种糖画？并且记录一下一位糖画艺人画一条龙需要多长时间？如果可以，在师傅的指导下亲自用糖画一下。

3. 去瓷胎竹编商店观察，看看瓷胎竹编有哪些类型，比较不同类型的瓷胎竹编价格有什么不同，想想为什么。

成都欢迎您·成都的特色旅游

“九天开出一成都，万户千门入画图”。（唐·李白《上皇西巡南京歌十首》其二 ）成都因为独特的地理环境与民风民俗，形成了特有的旅游休闲方式。成都地处四川盆地西部，既有充满生活气息的城镇与乡村，又有壮丽的高山与深谷。成都还是联合国世界旅游组织和中国国家旅游局共同命名的中国最佳旅游城市，每年接待的来自世界各地的游客达 2 亿多人次。来到成都，不仅可以按照传统的游览方式感受这座城市的魅力，还可以通过多种特色旅游方式，真正体会到成都人的生活方式。

成都地形地貌复杂多样，自然景观齐全，有鲜明的特色。从市区向外驾车 1 小时左右，就可以看到各种各样的奇山秀水、森林湖泊，这些景色让无数游客流连忘返。

城市绿道与农家乐

成都人热爱自然，向往田园，用绿道、湿地等连接城市和农村，形成了绿色环保、清新明亮的生态城市景观。

成都道路宽广平坦，自行车一直是成都人出行的重要交通工具，市区的主要街道都设置了自行车专用道，随处可见骑自行车的人。除此之外，骑自行车也是成都人锻炼身体、放松身心的重要方式。

从 2010 年起，政府开始修建骑游绿道（简称“绿道”），截至 2018 年 1 月底，已投入 100 多亿元，开工建设绿道 1178 公里，吸引市民和游客到大自然去呼吸新鲜空气，强身健体，并以此带动绿道周边旅游产业的发展。

锦江 198·LOHAS 绿道是成都市主城区首条大型绿道，租辆自行车，游客们就可以在这里感受休闲、低碳、绿色、健康的户外生活。

乐活绿道

除了绿道，成都依托现有的河流水系，在市区周边建设36个湖泊和8个湿地公园，希望将成都建设成为一个生态城市。例如在三圣乡旁边有一个新建成的白鹭湾湿地公园，目前开放的湿地一期占地3.3平方公里，水域面积1平方公里，植物品种200余种，其中乔木10万余株，公园内空气新鲜、绿化度高、白鹭高飞，是骑自行车游览的好去处。

骑游绿道除了可以让你进入天然氧吧，还能带你一览郊区的美景，例如成都有名的温江绿道，就是由寿安镇、万春镇、和盛镇、金马镇和国色天乡度假旅游区五个绿道团串接组成。其中一条叫万春绿道，全长11公里，从绿园驿站开始，沿着江安河到寿安绿道，可以一边骑自行车一边享受江安河的微风，欣赏沿岸的风景，还可以到国色天香乐园坐坐过山车、海盗船，从安静到热闹，从平静到刺激，在不同的环境里体会成都休闲安逸的生活。

温江绿道

除了以上提到的两条骑游绿道，在成都各区县都有可供市民和游客散步、骑行的绿道。不同的绿道景色也有所不同，比如温江绿道以田园风光和游乐园为主，而郫都区绿道就以农家乐和植物风光为主。

在这些绿道、湿地周边，分布着许多大大小小的农家乐，是乡村旅游的好选择。最有代表性的要数锦江区三圣乡的“五朵金花”。

说到“五朵金花”，成都人没有不知道的。它是指成都市政府于2000年开始重点打造的5个乡村旅游风景区，是中国AAAA级风景旅游区，位于成都市锦江区三圣乡东郊，以一年四季特有的植物命名：春天里百花盛开，所以有“花乡农居”；夏天荷花满池塘，所以有“荷塘月色”；秋天是菊花绽放的时节，所以有“东篱菊园”；冬天梅花的香气四溢，所以有“幸福梅林”；一年四季，都有不同的蔬菜可以收获，所以有“江家菜地”。不同的季节，成都人在那里都能找到不同的乐趣。如果想随时吃到最新鲜、最健康的蔬菜，就可以到“江家菜地”自己种植和采摘蔬菜，自己劳动得到的成果吃起来总是特别香，特别好吃。在“五朵金花”，不但可以吃到正宗的农家饭，还可以尽情体验成都人的悠闲生活。这也是为什么一到周末，就可以看见大量的私家车蜂拥出城，原来大家都奔着市郊“五朵金花”这样的农家乐去了。农家乐有不同的价位，可根据自己的情况挑选。一般按人收费，一个人的价格包括两顿饭和茶水的费用。

荷塘月色景区

“五朵金花”以前只是一个普通的近郊农村，发展农家乐以后，村民获得了大量的就业机会，生活水平有了很大提高。

除了发展经济，“五朵金花”还建成了全国知名的“蓝顶艺术中心”，周春芽、何多苓、杨冕等一百多位著名的当代艺术家聚居在这里，他们创作作品、举办各种形式的艺术展，吸引了全世界各国的文化艺术机构来此交流，让蓝顶艺术中心成为成都文化创意产业的重要基地。来“五朵金花”的人们，不但可以在这里赏美景、尝美食，还可以接受艺术的熏陶。这样的农家乐有看的，有玩儿的，有深度，有档次，自然成为大家节假日休闲的首选去处。

心动不如行动，选一个周末，骑上自行车，去体验骑游绿道、农家度假的魅力和乐趣吧！

蓝顶艺术中心

小提示

➢ 三圣花乡

地址：成都市锦江区三圣乡。

交通：332 路、56 路、343 路等公交车可到三圣乡政府站。

五朵金花官方网站：http://www.cdss.cn/

三圣花乡旅游区全景图

➢ 锦江 198 · LOHAS 绿道

地址：锦江区三圣乡（靠近幸福梅林）。

交通：可乘 31 路、40 路、133 路至高威体育公园站下车。

➢ **白鹭湾湿地公园**

地址：成都市锦江区三圣花乡荷塘月色与高威公园之间（近荷塘月色和高威公园）。

交通：可乘坐186路、807路、833路、898路、899路至白鹭湾（罗家大桥）站。

➢ **万春绿道**

地址：成都市温江区生态大道踏水段（靠近国色天香）。

交通：可乘坐319路、703路、204路至“国色天香”站。

所有绿道都提供自行车出租服务，价格10～20元/小时。如果自带自行车，就可以免费骑游绿道。

古镇系列

成都历史悠久，古往今来保存下来不少古镇，每一个古镇都诉说着一段往事，即使是同一个古镇，每一次游玩也都会给人带来新的感受。本节介绍成都最有特色的三个古镇。

黄龙溪古镇

黄龙溪古镇位于双流区境内，距离成都市东南约30公里，建于明清，是中国十大水乡古镇之一。古镇里还保存有六棵千年以上的大榕树，给这里增添了几分灵气。走在青石路上，周围都是乌黑色的门板，临街的店铺全部整齐地挂着蓝底白字的布招牌，飘扬在风中，也算是小镇的一大特色。

镇上有三座古寺：镇江寺、潮音寺和古龙寺。如果有时间，也可以坐船去河对面的大佛寺，在船上品尝当地的美食，下船感受一下佛教文化。

黄龙溪古镇的另一大特色是随处可见的茶馆，花上不太多的钱，在河边的茶馆坐上一下午，听听当地人的故事，吹着河风，看看沿河的景色，体验一下地道的成都生活。

安仁古镇

安仁古镇位于距离成都市约40公里的大邑县，始建于唐朝，现存建筑大多建于清末民初。这些建筑风格独特，中西合璧，院落庄重典雅，有“川西建筑文化精品”的美称。其中，刘氏庄园是中国保存最完好的庄园，它是大地主刘文彩的宅院，占地7万余平方米，布局精巧，迂回曲折，内有文物、藏品27000多件，充分体现了近代川西富商之家的奢侈豪华。此外，古镇还保存了民国和清朝时代的红星街、树人街、裕民街等三条古街。小洋楼（原公益协进

刘氏庄园

社）、安仁中学（原文彩中学）、钟楼等，是了解旧中国农村文化、经济、建筑的重要场所。

洛带古镇

洛带古镇位于距离成都市中心约20公里的龙泉驿区，镇上居民超过90%都是客家人，所以被称为“中国西部客家第一镇”。客家人的方言叫客家话，客家话至今还保留了一些古汉语的音韵词汇，比如说“穿衣”为“着衫”，“下雨”为“落水”等。洛带古镇居民的祖先大部分是广东人，古镇客家文化保存较为完整，随处能感受到浓郁的客家传统。古镇上还有许多精美的古建筑群落，其中特别有名的是广东会馆、江西会馆等，值得一看。除此之外，古镇还有一种特别的小吃——伤心凉粉。这种小吃的名字据说有两个含义：一个是客家人背井离乡，晚上一家人围坐在一起吃凉粉时，因思念远方的亲人而倍感伤心；另一个意思是客家人在做凉粉时采用传统工艺，把豌豆磨成浆，整个过程很辛苦，做得很伤心，吃起来又辣又麻，让人眼泪长流，叫人“伤心”。因此，到了洛带古镇，一定要吃一碗伤心凉粉，体会一下客家人的生活。

洛带古镇

小提示

➢ **黄龙溪古镇**

地址：成都市天府新区黄龙街 52 号。

交通：1. 成都新南门汽车站—黄龙溪。8:00—16:00，每隔 1 小时一班。

2. 红牌楼—黄龙溪：每半小时一班。

3. 黄龙溪特色菜推荐：焦皮肘子、珍珠豆花、野菜炒蛋、红烧黄辣丁。

微信公众号：黄龙溪古镇

➢ **安仁古镇**

地址：成都市大邑县迎宾路。

门票价格：刘氏庄园 50 元。

川西民俗馆：10 元。

文物珍品馆：10 元。

交通：1. 成都金沙车站—安仁古镇：8:30—18:20，每半小时一班。

2. 成都石羊客运站—安仁古镇：07:20—18:40，滚动发车。

安仁古镇特色菜推荐：文彩排骨、文清鸭蹼、庄园鱼丝、石磨豆花。

➢ **洛带古镇**

地址：成都市龙泉驿洛带镇。

交通：五桂桥—龙泉—洛带线路：滚动发车。

洛带古镇特色菜推荐：九斗碗、酿豆腐、盐焗鸡、油烫鹅、面片汤。

官方网站：http://www.luodai.cn/

延伸阅读

成都周边还有一系列有特色的古镇。

1. 街子古镇：位于成都市崇州的凤栖山下，与青城后山连接，镇内有以晋代古刹光严禅院为中心的32座寺庙等古迹。古镇地下水丰富，石板路两侧及屋前院后，常年清水不断，因而有“川西水乡”之名。

2. 西来古镇：位于成都市蒲江县境内，保存有许多明清建筑，具有典型的川西特色。古镇内有千年古榕树、两百多米长的老街、木质结构的瓦房。街上还有传统的剃头店，可谓古风浓厚。

3. 平乐古镇：位于成都市邛崃，西汉时期就已形成集镇，被称为“茶马古道第一镇”“南丝绸之路第一驿站”，有老街33条，保留着明清时期川西建筑风格。

冰雪之旅

有一句话很有名：成都是全世界唯一一座能看到5000米以上雪山的千万人口级特大中心城市。是的，在成都的高楼里，当天气特别好的时候，人们用肉眼就能看到西边的多座雪峰，它们是青藏高原向四川盆地过渡的邛崃山脉的高耸山峰。成都虽然海拔只有五百米，但从市区向外驾车一两个小时，就可以看到山水、森林、湖泊等不同的景色，回归大自然的怀抱。尤其在冬季，对于喜爱大自然、喜欢挑战自我的人来说，可以从成都出发，很方便就能感受刺激的冰雪之旅。

成都冬季旅游最热门的目的地是西岭雪山。它位于成都市大邑县境内，距成都市区只有95公里，总面积375平方公里，是四季都可游玩的国家森林公园，位于世界自然遗产“大熊猫栖息地”范围内。西岭雪山因雪而出名，景区最高点是终年积雪的大雪塘，海拔5353米，是成都第一峰。“西岭”则来自唐代大诗人杜甫的名句“窗含西岭千秋雪，门泊东吴万里船”。从古至今，成都人都可以从自家的窗前远远看到西岭雪山的美景。

每年12月初到次年3月底，西岭雪山平均气温零下2度，有50～80厘米的积雪，是开展雪地运动的理想场所。另外，西岭雪山景区分为大飞水景区和滑雪场景区。冬天去那里，可在大飞水景区的山林里徒步赏雪，感受大自然的安宁，也可在滑雪场体验滑雪的刺激。

1998年3月31日，西岭雪山滑雪场建成。它海拔高度为2100～2800米，面积大约482.8平方公里，是中国同海拔范围内规模最大、设施最好的大型高山滑雪场。每到冬季，成都人也可以来到滑雪场，穿上滑雪服，租上一套滑雪设备，在现场教练的指导下，感受滑雪的乐趣。

在西岭雪山，除了滑雪、玩雪，还可以去相隔20公里的花水湾泡温泉。花水湾温泉水含有数十种对身体有益的微量元素，尤其能使人们在寒冷的冬季尽情地放松身心。

在成都的冬季，都江堰的龙池国家公园和赵公山、彭州的九峰山等地也是赏雪玩雪的好地方。不过，这些地方的旅游开发程度没有西岭雪山那么高，主要是成都本地众多的户外活动组织的冬季徒步健身目的地。

小提示

➢ **西岭雪山滑雪场景区**

地址：成都市大邑县西岭镇。

冬季门票：120 元 / 人（元旦、春节 160 元 / 人）。

交通：成都新南门汽车站有直达景区的班车。

成都特产

成都的美景吸引了来自世界各地的游客，人们也将成都的特产作为礼物带给家人和朋友，让更多人知道、了解成都。下面简单介绍一下成都最受欢迎的几种特产。

蜀锦、蜀绣

蜀锦和蜀绣都是在蜀地孕育而生的历史悠久的传统工艺品，作为中国丝织工艺品的佼佼者，各有千秋。简单说来，锦是一次成形，在织造过程中，就直接通过经线和纬线的交织，将纹样织进织物；而绣则是在丝缎上进行二次加工，将图案通过针线刺绣在平整的织物上。

四川是中国丝绸文化的发祥地之一，这里桑蚕丝绸业起源最早，“蜀锦”兴于春秋战国而盛于汉唐；蜀绣又名“川绣”，是在丝绸或其他织物上采用蚕丝线绣出花纹图案的中国传统工艺，主要指以四川成都为中心的川西平原一带的刺绣。坐落于浣花溪畔原成都蜀锦厂旧址的成都蜀锦织绣博物馆，是目前国内最大的蜀锦、蜀绣的展示、保护、研究中心，在那里可以欣赏购买精美的蜀锦、蜀绣产品。

大熊猫元素纪念品

四川是大熊猫的故乡，来成都的游客不但喜欢看大熊猫，也喜欢各种各样的具有大熊猫元素的纪念品。除了熊猫主题的传统蜀锦蜀绣，现代成都人还开发出很多与熊猫有关的家居用品、个性服饰、可爱玩偶甚至办公用品，它们生动活泼，让人爱不释手，是赠送朋友的绝佳选择。

成都茶叶

成都天气潮湿，大家喜欢吃辣和油腻的东西，茶可以解辣解油，因此成为很多成都人几乎每天都会喝的饮品。成都比较有名的是三花茶和青城茶。“三

花”就是以前的成都茶厂生产的“三级茉莉花茶”，因为品质好，价格合适而出名。青城茶产自著名的道教圣地青城山，在古代是进贡给皇帝的茶叶，根据其外形可以分为不同种类，特点是茶叶小而嫩，泡到水里直而立，茶水碧绿，让人看了就忍不住想喝一口。很多外国人都特别喜欢成都的茶，去茶馆喝茶已经成为感受成都文化的一种重要方式，也有不少外国朋友选择茶叶作为伴手礼送给亲朋好友。

青城茶

郫县豆瓣

很多外国人刚来成都时吃不惯川菜，觉得又麻又辣，可是时间长了就会爱上川菜独特的口味，特别是离开成都后会非常想念。有个好东西可以让人离开四川后依然尝到四川的味道，那就是四川人炒菜之必备法宝——豆瓣。豆瓣被誉为“川菜之魂”，它的主要原料是辣椒和蚕豆，通过特殊的工艺在潮湿的环境下制作而成。可以说，超过一半的川菜都会用到豆瓣这种调料，其中最有名的是郫县豆瓣，它鲜红油润，又辣又甜。不会做川菜的人只要把郫县豆瓣倒进油已经热好的锅里，再倒进要吃的肉和菜，就可以做出美味的川菜。想知道豆瓣有多好吃？赶紧去超市买一包然后自己做菜尝尝吧。

除此以外，在成都值得购买的特产还有漆器、银丝工艺品、白酒等，相信这些极具成都特色的产品绝对不会让人失望。

郫县豆瓣

小提示

➢ **“熊猫屋”**

①宽窄店：青羊区井巷子 20 号附 1 号。

②锦里店：武侯区武侯祠大街 231 号古街延熙大道 5 号。

③机场店：成都双流国际机场 T1 航站楼 B 指廊、C 指廊；T2 航站楼 D 指廊、新 E 指廊；T2 航站楼大厅。

➢ **成都蜀锦织绣博物馆**

地址：成都市草堂东路 2 号。

服务时间：9:00—17:30。

交通：19 路、35 路、47 路、58 路至杜甫草堂站。

➢ **实践任务**

1. 选择“五朵金花”里的一个农家乐游玩，结合课文内容谈一谈这个农家乐的特色，并拍摄照片进行说明。

2. 选择一个书中没有介绍的古镇游玩，按照同样的方法，介绍你去的这个古镇（包括图片和文字）。

3. 询问五位你的同学，他们最喜欢的成都的特产是什么，为什么？请制作成表格，并向大家介绍其中一种特产。

时尚之都·成都的商业中心

2017年9月，西南首家无人超市在成都大悦城亮相，顾客自取商品，通过支付宝或微信付款。该超市面积仅20平方米，门口却排起了长队。成都人的消费观念也可从中窥见一斑：喜欢尝试新事物。另外，在成都，各种档次的商场都很热闹，在一些节假日有些商场甚至会营业到晚上十二点，以满足大家的购物需求。在高端消费领域，成都也表现出可以与“北上深”（北京、上海、深圳）媲美的成绩，部分高端品牌的消费力甚至超过深圳、广州、杭州。在快时尚门店数量、电影票房等中产消费领域，成都也表现出一线城市的实力。

城市商圈

随着商业文明的发展，成都市区逐渐形成了几个有名的商圈，这些地方商业集中、流动人口多、各种商店林立、繁华热闹。

历史最悠久、最有名的要数春熙路商圈。以春熙路为中心，辐射红星路、总府路、盐市口，是成都最繁华最热闹的地方，在这里屹立着大大小小几十家商场。有相对高端的成都国际金融中心（IFS）和远洋太古里、充满生活气息的伊藤洋华堂（ITO YOKADO）、潮牌集中的EGO潮流广场、老字号的茂业百货（以前的人民商场），此外，还有王府井商场、群光广场、远东百货等多家购物中心可供选择。在这里逛街，一天的时间很快就过去了，夜晚来临的时候也是大家满载而归之时。大部分的商场里都有各式各样的餐厅，从成都小吃到各国菜肴，总有让消费者在尽情购物之余还能满足自己胃口的好地方。

近年来，成都远洋太古里成了成都时尚潮流聚集地，建筑风格独特，在最大限度地保留古老街道与历史建筑的同时，融入玻璃幕墙的独栋低矮建筑、交错的巷子、开阔的视野、低密度的街区，把快慢结合的城市生活理念成功地融入了建筑当中，内有各种国际品牌商店、美味可口的米其林餐厅、精致小资的咖啡馆……同时，太古里毗邻千年古刹大慈寺，人们一边感受都市生活的现代化气息，一边听寺内传来雄浑的钟声，传统与现代，相得益彰。与太古里一街之隔的成都国际金融中心（IFS）于2014年开业，是香港九龙仓集团打造的商业综合体，包括高端购物中心、星级酒店、高档酒店式公寓等，在购物中心的楼顶，趴着一只叫“I Am Here”的大熊猫，它高15米，憨态可掬，是由澳大利亚艺术家Lawrence Argent 创作的巨型户外艺术装置，已成为成都春熙路上的一道亮丽风景线。

成都国际金融中心

春熙路作为成都的核心商圈，几乎是外地人必到的地方，相对来说成都本地人比较少，那成都人都爱逛哪些地方呢？成都本地人一般都习惯在居住的地方附近逛街，因此各个区也自然形成了自己的商圈。西边有双楠商圈，以伊藤洋华堂（ITO YOKADO）双楠店为中心，辐射四周。南边有桐梓林商圈，附近居住着大量的外国人，相比春熙路和双楠的大型商场，南边的桐梓林“欧洲风情街”上有着更多服装店、咖啡馆、餐厅。除了南边和西边，东边的万象城商圈是新兴发展起来的商圈。万象城的购物中心于2012年5月11日开业，里面包括高档超市、各大品牌连锁商店、百老汇电影院、真冰滑冰场等不同种类商业

形式。以前的成都东边以工厂居多，而现在，万象城的出现一定程度上赋予了城东更多的时尚气息。

万象城

沿二环路往北走，还能看见成都著名的建设路商圈，因为背靠成都电子科技大学，此商圈既显得活泼、有朝气，又有自己的特色，可以满足不同人群，尤其是大学生的消费需求。

小提示

➢ **IFS 成都国际金融中心**

地址：成都市锦江区红星路步行街 3 段 1 号。

交通：乘坐 20 路、4 路、58 路到红星路站。

精品书店

成都作为一个历史文化厚重的城市，据2017年统计，书店数量位居全国第二，已达到3463家，被评为“最美书店城市”，阅读深深影响着身处这座城市的人们。很多精品书店都蕴藏在城市综合体中，力求构建独有的消费文化体系。

位于市中心太古里的“方所”书店，与其说是一家书店，不如说它是一种装进文艺里的生活。方所是一个以书店为基础同时涵盖美学生活、植物、服饰、展览空间、文化讲座与咖啡馆的文化综合体，主营人文、艺术、设计、建筑类书籍，其中有4万种港台地区书刊和近万种外文书，也有部分中国内地出版物。几千平方米的庞大书店，藏身太古里的地下，像是一个独立于世的魔幻空间。位于城东万象城里的西西弗书店创办于贵州遵义，目前在成都有8家（店铺），万象城这家书店没有方所那么高端，它更为紧凑，布局上除了书店还有一个小咖啡厅，主要经营书籍、饮品和文创产品，迎合大众的同时，也在坚守着自己的一些追求。如希腊神话中的西西弗一样，坚韧不放弃。2014年5月，西南地区首家言几又书店在成都凯德天府正式亮相，相对于800平方米的北京首店，言几又凯德天府店的面积扩大到了3600平方米，是全国首家标准的城市创新文化一体店，涵盖的产品业态更为丰富，除了创意书店，还包括咖啡吧、艺术画廊、创意市集、主题餐厅。同时将西南地区首店选址成都的还有被誉为“上海最美书店”的钟书阁，书店里层层叠叠的书籍，造型独特的童书区，连梯田、古城墙、竹林、熊猫，这些宝贵的成都元素都被投射在钟书阁成都店的设计之中，充分勾起了爱书人心底的“乡情”。除此以外，九方购物中心由国有企业新华文轩经营的“文轩Books”被评为“最美书店”。

窄巷子的三联韬奋书店和新华文轩旗下的轩客会•格调书店24小时营业。轩客会目前有七家，主要集中在市区东部，离市中心最近的一家在镗钯街，周围都是高楼，轩客会就一层，门口还带阳台，主要经营人文书籍，就像一个隐于世间的高人，为大家提供安静阅读的场所。

言几又凯德天府店

方所书店

小提示

➢ 方所书店微信公众号：方所文化

➢ 言几又书店微信公众号：言几又文化

➢ 钟书阁书店微信公众号：成都钟书阁

➢ 轩客会微信公众号：轩客会格调书店

➢ 三联韬奋书店微信公众号：三联韬奋书店

➢ 西西弗书店微信公众号：西西弗书店

城市综合体

城市综合体是指集购物、办公、吃、住、娱乐功能于一体的“城中之城”。它是衡量一个城市经济发展水平的标志之一。随着成都市经济的快速发展，各类城市综合体不断涌现。

2007 年底，万达锦华店的开业标志着成都正式进入了城市综合体时代。城中心占据核心商圈，以中高档百货为主，如成都国际金融中心（IFS）、来福士（Raffles city）等，同样处在城中心的东大街城市综合体，则有完全不同的特点，因为东大街致力成为西部金融街，所以该区域内的城市综合体基本以写字楼为核心业务，同时兼顾时尚百货和高端公寓。处于二环路东面的华润万象城，除了超高层甲级写字楼，还有购物中心和大型住宅社区华润二十四城，体现了社区与综合体相结合的特点。城北城市综合体则主要体现了高端住宅与时尚百货相结合的特点，除了之前提到的万达广场外，还有龙湖北城天街，包括一条中高档时尚百货步行街、大卖场，背靠高端住宅，充分体现了城北的人居特点。城南有仁恒置地广场、新世纪环球中心、九方购物中心、成都奥克斯广场、in99 等代表。城西有龙湖时代天街、龙湖金楠天街、中铁西城等代表。当然，这些城市综合体的竞争也相当激烈，尤其是那些定位相似的综合体，如果没有自己的特点，没有创新，是没有办法获得长期发展的。

新世纪环球中心简称环球中心，是一个超大型城市综合体。单独介绍它是因为其号称全球最大单体建筑，由成都会展旅游集团打造，位于成都高新区天府大道与绕城高速交汇处，于 2013 年 9 月 1 日正式开业，占地约 1300 亩，总建筑面积约 176 万平方米，由新世纪环球中心、新世纪当代艺术中心和中央广场三大主体组成。新世纪环球中心作为第一期工程，已完成并投入使用，包括天堂岛海洋乐园、新世纪购物中心、新世纪环球中心·中央商务城、洲际酒店和皇冠假日酒店、地中海式风情商业小镇五个部分。其中最吸引人的是天堂岛海洋乐园，它建造在一个巨大的玻璃体内，拥有目前世界上最大的室内人造海洋之一，海岸线长达 400 多米，可同时容纳超过 6000 名游客在这里享受日光、

沙滩和美食，让成都这座没有海的城市不再单调。此外，天堂岛海洋乐园还有长 150 米、高近 40 米的世界上最大的室内 LED 屏幕，可以投射出大海和蓝天白云的景象，每晚的现场歌舞表演也会投放到这个大屏幕上。另外，海洋乐园内还有骑士冲浪、水上过山车、儿童水上乐园、海盗船、长达 500 多米的漂流河等娱乐项目，绝对是老少皆宜的游玩中心。

天堂岛

小提示

➢ **新世纪环球中心**

交通：乘坐地铁 1 号线到锦城广场站。

天堂岛海洋乐园门票价格：成人 180 元。但经常有便宜的团购价格推出，可关注大众点评网：www.dianping.com

便宜实惠的批发市场

说到哪里买东西最便宜，就不得不说成都的几个大型批发市场。

青石桥是一条以桥为名，集农贸、花鸟、海鲜市场和餐饮小吃为一体的著名街道。每逢春节，就有很多人来这里采购年货，特别是青石桥海鲜，种类丰富。不过，挑选海鲜时也需要有“火眼金睛”，因为如果没有任何经验，就容易买到不新鲜的东西。当然，如果很识货，又会讨价还价，就可以买到性价比高的海鲜产品。

九龙和泰华是专营服装的批发市场。九龙广场离春熙路不远，位于青年路。青年路曾经是成都有名的批发一条街，当年整条街上都是卖各式各样商品的人，早上天不亮就要去进货，晚上很晚才关门，虽然辛苦，但是也有创业的乐趣。如今，青年路上高楼林立，商家们已经从街上搬进了大楼里，九龙广场就是其中一幢很有代表性的大楼，它占地 1.5 万平方米，建筑面积近 10 万平方米，场内现有商家 1300 余户，经营海内外 7000 多种男女品牌服装及鞋类、箱包、皮具等。一楼经营中老年服饰，可以给长辈挑选一些合适的衣服；二楼、三楼为时尚休闲女装，样式好，但质量有好有坏，可以来这里了解一下流行趋势。四楼经营国内品牌男装；五、六、七楼经营国内品牌女装。另外，因为九龙商场主要的消费对象是批发商，而不是普通的消费者，所以九龙广场的购物环境不是很理想，营业员的态度也没有大商场的营业员那么亲切，大家如果要去九龙广场逛街，心理上要做好准备。泰华是另一个服装批发商城，就在九龙旁边，购物环境略好于九龙，因此服装价格也要高一些。

除了九龙和泰华，成都人也爱逛新中兴，那里有大量物美价廉的物品，如服装、鞋帽、饰品等。所谓“青菜萝卜，各有所爱”，每个人在成都这座消费之都，总能找到自己喜欢的商品。不过，大家要记住，在九龙、泰华、新中兴、荷花池这样的批发市场买东西，讨价还价是非常重要的，可以在老板报出的价格基础上直接砍掉一半或者更多，然后再根据自己的心理价位跟老板讨价还价，最后双方达成一致，愉快地完成这笔买卖。

荷花池市场（现已迁址）

小提示

➢ **青石桥市场**

地址：成都市锦江区青石桥中街 1 号。

交通：可乘坐地铁 1 号线到天府广场站。

➢ **九龙商城**

地址：成都市锦江区青年路 8 号。

营业时间：9:00—17:00。

交通：1. 公交：乘坐 1 路、8 路、45 路、47 路、55 路、56 路、99 路、104 路可到盐市口站

2. 地铁：可乘坐地铁 2 号线、3 号线至春熙路站。

➢ **泰华服装城**

地址：成都市锦江区东大街上东大街段108号。

营业时间：9:00—17:00。

交通：1. 公交：乘坐1路、8路、45路、47路、55路、56路 99路、104路到盐市口站。

2. 地铁：乘坐地铁2号线、3号线至春熙路站。

➢ **实践任务**

1. 请你去成都的商场看看有没有你最喜欢的品牌，价格跟其他国家有差异吗？试试分析为什么会出现这样的差异。

2. 去一个城市综合体，通过查阅资料、现场观察等方式总结它的特点。

3. 去逛逛成都的批发市场，跟同学展示一下你买到的最划算的东西，并告诉他们你是怎么跟营业员讨价还价的。

时代脚步 · 成都的新兴产业

成都作为中国西部最发达的城市，一直走在时代发展的前沿。一方面，传统产业在经济发展中继续发挥着重要的作用；另一方面，蓬勃兴起的新兴产业也焕发着生机。作为中国西部的经济发展重镇，成都在信息技术、旅游、创意产业等方面取得了长足的发展。随着商业活动的频繁和经济交流的扩大，成都的会展业也在中国西部脱颖而出。这一章主要介绍成都几个突出的新兴产业。

文化服务产业

会展业

会展业的发展与城市的发展水平、经济体量以及城市定位有着密切关系。成都的会展业历来在全国具有很强的竞争力。其优势主要体现在三个方面：一是地域优势，地处川西平原枢纽，交通和通信都很发达；二是经济发展速度快，对外交流频繁，是中国西部最现代化的都市；三是成都本地的会展场馆及配套接待设施完善，产业基础雄厚。

近年来，成都会展业亮点不断，不仅承接了G20财长和央行行长会这样的大型会议，还承办并开展了许多行业会议，如美博会、糖酒会等。仅2017年一年，成都就举办了超过500场大小会展活动，直接经济收益达930亿。成都世纪城国际会展中心是目前中国西部建筑规模最大、功能最多、设施最先进的多功能会议会展中心。世纪城新国际会展中心位于城南，占地超过1500亩。会展中心是集会议展览、文化旅游、商务办公、自然人居、民俗文化等多项功能为一体的综合项目。

世纪城国际会展中心全景

会议中心建筑面积约10万平方米，拥有24个面积从58平方米到2800平方米不等的多功能厅，可满足客户不同层次的会务需求。会议厅大小不一，从60平方米到4000平方米都有。这样的设计可以满足不同类型和规模的会议。会议场所也有丰富的选择。

食品工业是中国的重要支柱产业。全国糖酒交易会每年春季在成都举办，秋季在其他城市轮流举办。截至2017年3月，全国春季糖酒交易会已经第28次在成都举办了。世纪城国际会展中心自建成起就成了糖酒会的承办单位，为来自全国各地的展商和观众提供了专业的会展服务。

会展中心的世纪城天堂洲际大饭店、成都世纪城假日酒店都是成都一流的五星级酒店，能充分满足国际国内展览和会议需要。与酒店相邻的精品展区、西蜀廊桥、休闲天堂等商用物业，则丰富完善了世纪城的组合配套功能。有名的顺兴老茶馆就位于新会展中心的西蜀廊桥区域。

西蜀廊桥

成都世纪城国际会展中心为成都的经济、文化及政治会展活动提供了良好的硬件和软件服务，也为整个城市的商业、旅游、文化、建筑等多方面的发展做出了贡献。会展业促进了旅游业及整个区域经济，带动了城市建设，全面提升了成都的城市形象。

随着会展业的不断发展，成都又新建了规模更大的“中国西部国际博览城”。该项目位于新开发的天府新区，面积约 265 万平方米，是目前中国西部最大的国际会展中心，并于 2017 年 6 月正式投入使用。

小提示

➢ **世纪城新会展中心**

地址：四川省成都市天府大道中段 1 号。

交通：乘坐地铁 1 号线至世纪城站下。

➢ **中国西部国际博览城**

地址：四川省成都市天府新区福州路东段 88 号。

交通：乘坐地铁 1 号线到广州路站。

创意园区

文化创意产业（Cultural and Creative Industries），是一种在经济全球化背景下产生的以创造力为核心的新兴产业。随着中国国际化发展的脚步，越来越多的文化创意产业为经济发展提供了新的增长点。具有丰富历史人文资源的成都也加入文化创意产业的发展中来，并获得了良好的效果。

东郊记忆大门

东郊记忆是成都最有特色的文化创意产业园区。它的前身是成都东区音乐公园。这个以音乐、艺术、电影等文化产业为主题的创意园区成为成都东部老工业区的一道风景线。

东郊记忆公园是在已经关闭的成都国营红光电子管厂的厂房上改建的。红光电子管厂始建于 20 世纪 50 年代，是中华人民共和国成立初期非常重要的大型国营工厂。虽然随着时代的变迁和经济的发展，过去的红光电子管厂已不复存在，但它留下的厂房建筑却成为时代记忆。今天的东郊记忆是音乐、美术、戏剧、摄影、影视、酒吧、餐饮等文化形态集中的多元文化园区。同时也提供购物、休闲、艺术、娱乐等商业服务。

在园区闲逛，可以欣赏到许多具有 20 世纪五六十年代风格的建筑，用废弃工业材料设计制作的现代雕塑也随处可见。园区的表演中心常年有来自全国各地的艺术家和音乐人表演。小剧场话剧、相声表演、小型演唱会、画展、摄影展等，都是游客非常喜欢的活动。

东郊记忆除了用先锋艺术吸引了许多年轻游客，它独特的建筑风格也吸引了怀旧的中老年人。很多在成都生活多年的老人都见证了 20 世纪成都工业的

发展。东郊记忆园区中保留下来的老厂房、旧机床、废弃工业材料等都勾起了他们对历史的回忆。有的老人在参观时看到老式发动机与双燕冰箱时激动不已。园区里的餐厅就是在过去的工厂食堂原址上改建的，挂着“东郊食堂”的招牌。中国的许多大城市都生活着大量的国营厂矿和企业的老职工。这代人把他们的青春奉献给了共和国成立之初的经济建设。成都的很多国企老职工都爱到东郊记忆游玩。在这里，他们仿佛回到了年轻时代。他们在“食堂”里吃顿饭，在厂区里逛逛，看看车间改造出来的展览厅，摸一摸废弃的机器，感受和回忆自己的青春年华。

东郊记忆为成都的旅游产业增添了特色，是工业遗产和先驱艺术的完美结合。

老式火车头

小提示

➢ **成都东郊记忆创意园区**

地址：成都市成华区建设南支路 4 号。

交通：乘坐 342 路、180 路、1013 路环线公交车。

信息技术产业

成都是中国西部的信息产业发展重镇。近几年来，北京、上海、广州、深圳等发达地区的信息产业公司也逐渐将重心转向成都。成都的信息产业公司主要集中在位于高新区的天府软件园和孵化园。

软件园

成都天府软件园是中国十个软件产业基地之一、国家软件出口创新基地、国家服务外包（将一个项目的部分服务承包给专业公司来完成）基地城市示范园区。天府软件园位于成都市高新区南部园区核心地带。作为国内目前发展最快的专业软件园区，天府软件园自2005年正式投入运营以来，已经吸引了腾讯、华为、阿里巴巴、IBM、SAP、NEC、GE、Simens、WIPRO、DHL等多家国内外知名企业入驻。其中外资企业占40%，并有二十五家“世界500强”企业。整个园区的各类员工达到35000人。软件园的蓬勃发展提升了成都地区软件业的实力，也提供了大量的就业岗位，促进了城市经济发展和社会稳定。天府软件园不但有着一流的硬件设施和完善的配套服务，优美的环境也让企业和员工感到十分满意。在第18届中国国际软件博览会上，天府软件园荣获“2014年中国软件园区最佳产业环境奖”。

与汇集成熟名牌企业的天府软件园不同，位于软件园附近的孵化园是成都信息类新兴产业的摇篮，也是大学生创业基地。孵化园内的企业主要致力于电

子信息、软件研发、信息安全、电子商务、创意设计、动漫游戏等行业。这些项目都是成都市高新区天府新区政府的重点支持行业。孵化园总建筑面积约5000平方米。政府对它的发展计划在于：培育科技型中小企业、构建天府新区自主创新体系。孵化园的办公园区主要为在校大学生或毕业五年之内大学生及研究生开放，提供低价或免费办公空间，帮助他们开展创业项目。中小型科技创新企业、科研机构、科技中介服务和创投金融机构等也是孵化园的主要服务对象。经过多年发展，孵化园为大量科技型中小企业提供了研发经营场地，并提供了技术转移、市场推广等多项专业服务。孵化园的建设和发展给大量的年轻人带来了就业机会和创业机会。很多有技术、有能力、有胆识的年轻人在这里实现了自己的创业梦想，获得了事业的成功，同时也回报了社会。

孵化园

通过软件园和孵化园两个基地的相互促进、相互补充、共同发展，成都的信息相关产业迈上了一个新台阶。如今，成都已经成为全国信息产业的重要地区，甚至有人把成都誉为“西部硅谷”。

小提示

➢ **天府软件园**

地址：成都市高新区天府大道。

交通：乘坐102路、118路、115路等公交车或地铁1号线可达。

➢ **孵化园**

地址：高新区天府大道北段1480号。

交通：乘坐801路、26路、247路、115路等公交车或地铁1号线可达。

汽车产业

成都的汽车产业经过十多年的发展，已经具备一定的规模。成都私家车保有量逐年上升，也为成都的汽车工业提供了良好的市场平台。目前，成都已经形成了包括整车及零部件开发、生产、贸易为一体的汽车工业体系。随着一汽大众、沃尔沃、吉利汽车等知名品牌整车生产企业在成都的入驻发展，成都汽车产业正快速崛起。跟长春、柳州、沈阳等中国老牌汽车工业城市不同，成都汽车产业的发展走的是技术革新和高速发展的道路。经过十多年的发展，成都汽车产业已达到了一百万辆的生产能力，整体产值达到千亿元。

成都后劲十足的汽车消费市场同迅速发展的汽车工业和技术研发互相促进。成都目前是全中国私家车拥有量排名第二的城市。在成都的街道上，常常可以看到百万级的豪车，让人切实感受到中国西部地区经济发展今非昔比的变化。除了世界知名汽车品牌入驻成都，一些优秀的汽车配套行业巨头也来到成都，如德国博世、美国江森自控、美国哈曼等。目前，成都正逐步形成一条涵盖汽车研发、汽车博览、汽车娱乐的产业链。

位于天府新区龙泉片区的成都国际汽车城正以飞快的速度向国际高端产业基地的目标发展。龙泉还成立了成都汽车产业研究院。研究院请来了国内顶级的研发专家和团队。他们在一起研究关键技术，寻求突破与创新，对整个成都汽车产业的发展做出规划。

龙泉汽车城

除了制造和研发，汽车博览和汽车娱乐也是成都汽车产业链上的重要环节。一年一度的成都车展已经成为整个中国西部最重要的博览盛会之一，规模和质量在全国车展名列前茅。成都车展上展出过许多新款汽车、顶级豪车和高科技概念车。车展还是一年中买车最划算的时候，除了去欣赏新款汽车，更多人还是冲着买更划算的车去的。

此外，位于三圣乡的金港赛道占地面积 1500 亩，全长三千多米，是赛车运动爱好者的圣地。这里还举办了各类赛事，为成都带来了丰厚的商业回报。

小提示

➢ **龙泉汽车城**

地址：成都市龙泉驿区成龙大道。

交通：由成都市区坐车至龙泉驿总站，再转 332 路公交车到汽车城站。

➢ **金港赛道**

地址：成都市锦江区三环路外侧三圣乡赛道路。

交通：乘坐 898 路公交车到成都金港赛道站。

生物医药产业

生物医药产业在成都有着很深的渊源，业内素有“无川药不成方”的赞誉。作为国家医药出口基地、国家生物产业基地、国家生物医药科技创新基地、国家生物医学材料及医疗器械高新技术产业化基地、国家生物医药产业创新孵化基地，成都一直重视并大力支持发展生物医药产业，经过 20 多年的发展，成都已具备了良好的产业基础。

成都市生物医药研发资源多、能力强，汇集了四川省 80% 以上的医药研发资源，创新实力位居中西部前列。此外，成都在城市区位、人居环境、药材资源和人才资源等方面也具有自身独特优势。

成都高新区是首批国家高新技术产业开发区，是全国“创建世界一流高科技园区”的 6 个首批试点之一。2015 年 6 月，又获批成为西部首个国家自主创新示范区，树立了一个新的里程碑。经过多年发展，成都高新区现已聚集生物医药企业 773 家，形成了医药和医学工程两大产业集群。2016 年 8 月成都市首次出台了《关于加快成都市生物医药产业发展的专项政策》，并公布了成都天府国际生物城的规划及建设进展。2017 年 2 月 28 日，成都天府国际生物城重点项目集中签约仪式在成都高新区天府新城会议中心举行。会议上有 13 个项目集中签约，总投资超过 84 亿元。

➢ 实践任务

1 参观一次在成都新会展中心举办的汽车展览，拍摄自己喜欢的汽车的照片，并向全班介绍自己参加展览的感受。

2 去东郊记忆游玩一天。拍下让你印象最深的雕塑，解释它们的意义。